Es weihnachtet sehr

Es weihnachtet sehr

Ein kulinarischer Kalender
von Advent
bis
Neujahr

von
Frank Gerhard

sigloch edition

Advent

Einleitung
Adventszopf · Äpfel im Schlafrock
Amaretti · Anisplätzchen
Blumenkohl mit Schinken · Bratäpfel · Candeel
Eberswalder Spritzkuchen
Feuerzangenbowle · Gedünsteter Heilbutt
Grünkohl mit Leberkäse
Ingwerlikör · Königspunsch
Liegnitzer Bomben · Lübecker Marzipan
Martinsente · Neuenburger Fondue
Palatschinken mit Krebsfleisch
Pomeranzenbrötchen · Rumtopf
Schweinebraten mit Kastanien
Thorner Kathrinchen · Ulmer Brot
Vanillekipferl · Wespennester · Wurst im Netz
Zitronenwaffeln

Springerle sind eine uralte süddeutsche Weihnachtsspezialität. Beim Backen „springt" der Teig etwa einen Zentimeter nach oben und wird dadurch in der Mitte luftig unter einem festen Deckel. Das Gebäck wird entweder in hölzernen Bildmodeln einzeln von Hand ausgeformt oder mit Walzen wie dieser aus Großmutters Tagen.

Wenn im Spätherbst die Blätter fallen und die Tage kürzer werden, besinnen sich auch heute noch viele Menschen auf Tugenden, die in unserer schnellebigen Zeit als verloren galten. Besonders die Chefin des Hauses schaltet und waltet dann in der Küche, und unsere empfindlichen Nasen erreicht der verführerische Duft von Vanille, Zimt, Mandeln und Bratäpfeln.

Es ist Advent. Die Zeit der köstlichen Gerüche ist angebrochen. Nicht nur Knecht Ruprecht und Nikolaus halten Einzug in unser Heim, sondern auch Lukull, der römische Staatsmann, der als Genießer von Tafelfreuden heute noch allen Schlemmern als Vorbild dient.

Alle Register der Kochkunst werden in diesen Wochen vor Weihnachten und zum neuen Jahr gezogen, um Leib und Seele der Familie und der Gäste zu laben. Dies war schon immer so, wie unser kleiner Rückblick in die Geschichte zeigt.

Viele schöne Bräuche und lukullische Attraktionen sind dem Lauf der Zeit zum Opfer gefallen, viele hat unser technisches Zeitalter in den Hintergrund gedrängt. Aber gerade in den letzten Jahren ist ein neuer Trend spürbar geworden: Wir besinnen uns wieder auf die Traditionen unserer Altvorderen, lernen wieder Feste zu feiern und einem großen Menü seinen

Rahmen zu geben. Von Groß- und Urgroßmutter überlieferte Rezepte werden ausgegraben, ausprobiert und der Familie meist mit großem Erfolg präsentiert.

Wenn dann die Wohnung nach knusprigem Spekulatius und geschmorten Äpfeln riecht, spürt man etwas von der duftigen Atmosphäre am Kaminfeuer oder Kachelofen, die damals den frostigen Wind und die lausige Kälte aus der guten Stube verbannten.

Eine alte Weisheit aus jener Zeit sagt, Advent sei die stillste Zeit des Jahres. Aber was früher richtig war, muß heute nicht mehr unbedingt stimmen. Advent, das ist die Zeit der Vorfreude, die Zeit der langen Sonnabend- und Sonntagnachmittage, an denen die Familie beisammensitzt und den Verführungen köstlicher Printen, Springerle und anderer süßer Leckereien erliegt. Dieser besinnliche Teil des Festes wird noch in mehr Familien gepflegt, als das vielfach den Anschein hat.

Advent, das ist aber auch die Zeit der Leuchtreklamen, der bis zur Unkenntlichkeit verstümmelten Weihnachtssymbole, die über breiten Einkaufsstraßen prangen, das ist Hektik, volle Straßen und Geschäfte, Weihnachtsmärkte und Weihnachtsmänner – kurz Konsum.

Das Rad der Zeit zurückdrehen? Weihnachten wieder wie zu Großvaters Zeiten feiern? Nein! Aber vielleicht ein bißchen mehr nachdenken über uns selbst, über den tieferen Sinn dieses Festes. Denn Festtage sind Oasen inmitten der Hektik des Alltages, sind Pausen der Ruhe und Erholung, der Lust und Freude und der Erhebung von Herz und Geist.

Was liegt da näher, als sich kreativ zu betätigen. So komisch es klingt – Kochen kann eine wirklich entspannende Freizeitbeschäftigung sein. Es gibt wohl kaum eine Tätigkeit, die uns so ganz gefangen nimmt, die alle unsere sieben Sinne zu Höchstleistungen herausfordert und bei der wir gleichzeitig so viel Freude bereiten und Anerkennung finden können.

Kochen ist eine Kunst – zweifellos. Aber eine Kunst, die jeder erlernen und die fast jeder zu großer Meisterschaft vervollkommnen kann. Sie sollen ja nicht die verwöhnten Gourmets der französischen Küche in Entzücken versetzen, sondern Ihre Familie, Ihre Freunde und Bekannten zu einem anerkennenden „Das war wunderbar" inspirieren. Denn ebenso wie uns Lob im Berufsleben oder in der Schule anspornt, so wird es uns auch zu neuen Experimenten herausfordern, wenn unsere lukullischen Kreationen begeistert aufgenommen werden. Dann erst macht Kochen Spaß, und die Küche wird zu einem Wirrwarr aus exotischen Gewürzen, geheimnisvollen Soßen, vielerlei Zutaten und Zubehör. Manchmal riecht es wie auf einem orientalischen Bazar, ein andermal nach Marzipan und heißer Schokolade oder nach Ingwer und Mandeln.

Brauchtum und Tradition der Adventszeit beruhen auf einer Mischung aus christlichem und heidnischem Gedankengut. Schon die alten Germanen feierten in den Monaten November und Dezember, ohne daß dies etwas mit den späteren Christfeiern zu tun gehabt hätte.

Die germanische Jahreseinteilung beruhte auf rein wirtschaftlicher Grundlage: Frühsommer, Spätsommer und Winter. Wenn Mitte März das Gras zu grünen beginnt, wird das Vieh auf die Weide getrieben, und wenn Mitte November der erste Schnee fällt, ist die Ernte eingebracht, und das Vieh wird in die Stallungen geholt.

Gegen Mitte November beginnt dann die Festzeit. Die Schlachtfeste werden so üppig wie möglich gefeiert, und selbst wenn der Vorrat für den Winter knapp ausfiel, schmauste man im frischen Fleisch. Süßigkeiten, wie sie uns heute selbstverständlich sind, kannten unsere Vorfahren nicht.

Der früheste Festtag ist der Martinstag am 11. November – er ist der erste Höhepunkt der Gourmets vor dem Winter. In einigen Teilen unseres Landes wurden bereits am 24. August – dem Tag des Schutzheiligen der Metzger und Fischer, Bartholomäus – die ersten Vorbereitungen für diesen Tag getroffen: Man begann mit der Mast der Gänse und der besonderen Fütterung der späteren Weihnachts- und Silvesterkarpfen.

Viel wissen wir zwar heute nicht mehr vom heiligen Martin, doch daß er sehr beliebt gewesen sein muß und hoch verehrt wurde, berichten zahlreiche Legenden und Sagen, die sich um sein Leben und Wirken gerankt haben. Er wurde etwa 316 n. Chr. als Sohn eines

Mandeln

römischen Offiziers im heutigen Ungarn geboren, war zunächst viele Jahre Soldat im römischen Heer und später als Heidenmissionar und Arzt tätig. Aus dieser Zeit stammt auch die bekannte Legende, wonach er am Stadttor von Amiens einem frierenden Bettler die Hälfte seines Mantels geschenkt habe.

Schon bald nach seinem Tod wurde er an vielen Orten verehrt. Vor Feldzügen etwa erbat man seinen Beistand, Könige trugen seinen Mantel in der Schlacht voraus, und Kaiser Karl der Große soll sogar stets seine Chorkappe mitgenommen haben. Zudem rankten sich allerlei abergläubische Vorstellungen um seine Gestalt. Das ganze Mittelalter hindurch galt er als Patron des Weideviehs, und in den Alpen begann man am Martinstag mit dem Viehabtrieb, der dann mit einem Festmahl beendet wurde.

In einigen Gegenden Deutschlands kennen wir auch heute noch die Martinsfeuer, das Martinssingen und – nicht zu vergessen – die Martinsgans. Besonders am Niederrhein zündet man an diesem Martinsabend Feuer an und läßt brennende Räder von Berg zu Tal rollen. Ein Überbleibsel dieser alten Sitte sind die Martinslichter und -fackeln bei den Umzügen der Kinder.

Daß am Martinstag auch besonders gut gegessen und getrunken wurde, hat religiöse Gründe. Vor mehr als 1000 Jahren begann an diesem Tag die 40tägige Fastenzeit vor Weihnachten – es durfte ein letztes Mal geschlemmt und gefeiert werden. Auch beschenkte man sich reichlich, vor allem die Kinder, wenn sie während der Umzüge ihre Lieder sangen. Martinshörnchen oder Martinskuchen waren in München und Augsburg begehrte Köstlichkeiten.

Gleich zu Beginn des eigentlichen Adventsmonats Dezember feiern wir einen Festtag, der der heiligen Barbara gewidmet ist, der Schutzherrin der Bergleute. Ihr Bild steht auch heute noch in allen Bergmannskirchen. Doch auch die Bauern verehren sie als Schutzpatronin vor Blitzgefahr, und viele Artilleristen schrieben früher ihren Namen auf die Kanonen.

Die Legende erzählt, daß sie wegen ihrer Anmut und Schönheit vom eifersüchtigen Vater in einen Turm gesperrt wurde und während dieser Gefangenschaft von den Wassertropfen ihres Trinknapfes ein verdorrtes Kirschbaumzweiglein getränkt habe. Tatsächlich hätten sich dann auch Knospen an den Zweigen gebildet und seien aufgeblüht.

Was immer man auch von solchen Legenden halten mag – geblieben ist davon ein schöner Brauch, nämlich an diesem Tag Zweige zu schneiden, um sie zum Weihnachtsfest zum Blühen zu bringen. Man nimmt dazu am besten kleine Zweige vom Fliederbusch, Jasmin-, Schlehdorn- oder Forsythienstrauch oder auch von Apfel-, Kastanien- und Kirschbäumen und klopft die Schnittstellen der Zweige mürbe, damit sie das Wasser leichter aufnehmen. Dann stellt man die Zweige in einer mit frischem Wasser gefüllten Vase für ein paar Tage in einen kühlen Raum. Sobald die Knospen zu schwellen beginnen, sollten sie ins geheizte Zimmer gebracht werden, doch nicht zu nahe an den Ofen! Nun ab und zu mit lauwarmem Wasser übersprühen, und wenn die Knospenblätter hervortreten, die Vase ans Fenster stellen. Jetzt brauchen die Zweige viel Licht und ein wenig Kühle, damit die Blüte nicht zu schnell verläuft. Das Wasser im Gefäß sollte jeden zweiten Tag erneuert werden.

Der für die Kinder bedeutendste Tag der Vorweihnachtszeit ist der Nikolaustag am 6. Dezember. Nikolaus und Knecht Ruprecht – diese Namen flößen den Kindern oftmals auch Schrecken ein, denn seitdem dieses Fest bei uns gefeiert wird – nunmehr über 1600 Jahre –, liegen Lob und Tadel eng beieinander.

Wohl jeder von uns erinnert sich noch, wie er ängstlich vor Knecht Ruprecht stand und seine mehr oder weniger kleinen Sünden beichtete, zur Strafe die Rute zu spüren bekam und anschließend doch mit einem Geschenk belohnt

Ein schöner alter Brauch ist es in der Adventszeit, für die Kinder ein Knusperhäuschen zu basteln. Auf einen „Rohbau" aus Pappe oder Holz klebt man mit einem dicken Zuckersirup allerlei Kleingebäck und andere Süßigkeiten. Hänsel und Gretel werden schon dafür sorgen, daß es bis Weihnachten abgeknuspert ist.

wurde. Aber fast niemand weiß heute, woher dieser alte Brauch eigentlich stammt und warum er noch so tief im Volksglauben verankert ist. Sie sollten es nicht versäumen, Ihren Kindern etwas vom Bischof Nikolaus zu erzählen, nach dessen Todestag der 6. Dezember benannt worden ist: Als einziger Sohn reicher Eltern soll Nikolaus um 270 in Patara, einer damals blühenden und geschäftigen Kleinstadt im südwestlichen Zipfel Kleinasiens, geboren worden sein. Im Jahre 325 soll er am berühmten ersten Konzil in Nikäa teilgenommen und anschließend sehr unter der Christenverfolgung des Kaisers Diokletian gelitten haben. Seine segensreiche Tätigkeit, die ihn später so berühmt machte, entfaltete er in der türkischen Hafenstadt Myra, von der heute nur noch Ruinen zu finden sind.

Es sind vor allem drei Legenden, abgesehen von zahlreichen ihm zugeschriebenen Wundertaten, die sich um seine Person ranken und deretwegen man ihn vor allem als Kinderfreund verehrt: In Kleinasien war vor 1600 Jahren eine furchtbare Hungersnot ausgebrochen, an der viele Menschen starben. Vergebens warteten sie auf die Getreideschiffe aus Ägypten, und Bischof Nikolaus konnte den Menschen in Myra kaum noch Hoffnung und Trost spenden. Als endlich am Horizont die ersten Masten auftauchten, versperrte ein Seeräuberschiff die Hafeneinfahrt. Ein Abgesandter der Seeräuber forderte, daß zunächst sein Schiff mit Gold und Schmuck beladen werden müsse, bevor die Getreideschiffe den Hafen anlaufen dürften.

Die Bewohner von Myra opferten nun ihren gesamten kostbaren Schmuck, ihre Ringe, Ketten und Armreifen. Doch war dies den Seeräubern zu wenig, und sie drohten damit, die Kinder von Myra mit an Bord zu nehmen und sie später als Sklaven zu verkaufen. Doch der Bischof von Myra rettete die Kinder, indem er den Seeräubern die Goldschätze seiner Kirche opferte. Daraufhin gaben die Piraten die Einfahrt frei, und die Getreideschiffe durften einlaufen.

Aber auch in einer anderen Legende wird Bischof Nikolaus als Kinderfreund geschildert: Drei Jungen, so wird berichtet, kamen eines Abends nach langer Wanderschaft an die Tür eines Fleischers, der sie aufnahm und freundlich bewirtete. Doch um Mitternacht erschlug er sie allesamt und pökelte sie in Salzfässern ein. Als nun Bischof Nikolaus ebenfalls dort abstieg und man ihm zu essen anbot, merkte er sogleich, was mit dem Fleisch los war – er segnete die Fässer, und siehe da, die Knaben erwachten, als hätten sie nur geträumt.

Die letzte dieser Legenden besagt, daß er eines Tages von einem reichen Kaufmann hörte, der drei wunderschöne Töchter hatte. Doch später verarmte dieser Kaufmann derart, daß er keiner seiner Töchter eine Aussteuer geben konnte, und ohne diese Aussteuer wurden sie nicht verheiratet. Nikolaus taten die Töchter leid, und so warf er eines Nachts einen dicken Goldklumpen durchs Fenster des Kaufmanns. Dieses Gold reichte jedoch nur für die Aussteuer der ältesten Tochter. Da aber alle drei Mädchen heiraten wollten, wiederholte sich dasselbe auch an den folgenden Tagen. Bald waren alle drei Mädchen verheiratet und der verarmte Vater mit der Welt wieder versöhnt.

Wegen dieser Legende mit den Goldklumpen wurde Nikolaus später zum Patron der heiratslustigen Mädchen. In Rom etwa stattete eine der vielen Nikolauskirchen jedes Jahr im Dezember ein armes Mädchen mit einer stattlichen Aussteuer aus, und in Valencia brachte die weibliche Jugend St. Nikolaus an seinem Festtag Blumen und Kränze dar. Man warf auch Taubenfedern in die Luft – je schneller sie zu Boden fielen, desto größer sollten angeblich auch die Heiratschancen der Mädchen sein.

Bei uns wird Nikolaus vor allem als Schutzpatron der Kinder verehrt – in alten Urkunden aus dem 17. Jahrhundert wird er bereits als der große Kinderbeschenker gefeiert. In Hamburg war es seit dem 13. Jahrhundert üblich, daß sich die Kinder einen eigenen Bischof wählten, der bis zum 25. Dezember in seiner Würde bleiben durfte. Nach seiner Ernennung zog man in feierlicher Prozession durch die Stadt, begleitet von der übrigen Jugend, die vielfach maskiert war. Ein großer Festschmaus beschloß diesen Freudentag. Daneben hatte der Kinderbischof auch Geschenke an jung und alt auszuteilen. Dies hat sich bis heute als schöner Brauch gehalten.

Natürlich gehört zum Nikolaus auch die Rute – schließlich soll er nicht nur Gutes tun, sondern auch strafen, wenn es nötig scheint. Diese Rute ist ein ursprünglich aus der germanischen Mythologie übernommener Segens- und Fruchtbarkeitszweig, der in der Hand des Nikolaus seit langer Zeit jedoch als Zuchtrute wirken soll. Doch verbreitet er damit nicht allein Schrecken, denn in vielen Gegenden hat sich ihm noch ein Begleiter zugesellt: Knecht Ruprecht.

Dieser Knecht Ruprecht, auch Rumpelklas, Beelzebub, Pelznickel, Hans Muff, anderswo wiederum Klaubauf, Krampus, Drapp oder Bartel genannt, hat die Aufgabe, drastische Strafen zu verteilen. In manchen Orten streifen heute noch ganze Heerscharen von Vermummten umher, um den Kindern Angst einzuflößen. Sie tragen Masken mit Teufelshörnern oder beschmieren ihre Gesichter mit Ruß. In all diesen Unholden steckt natürlich etwas von den alten Vorstellungen über Geister und auch ein wenig vom Teufel. Deshalb führt der Nikolaus oft auch einen von ihnen an der Kette gefesselt mit sich – da kann er dann keinen Schaden mehr anrichten. Vielerorts hat sich bis heute die gute Sitte erhalten, daß die Kinder vor dem Schlafengehen Schüsseln und Teller unter das Bett stellen, oder aber sie hängen einen Strumpf an den Kamin oder stellen sogar ein Paar Schuhe vor die Tür: Am nächsten Morgen sind sie dann mit Süßigkeiten gefüllt – für die Braven. Die Faulen und Ungehorsamen aber erhalten eine Rute – so verlangt es die Überlieferung.

Doch allzu hartherzig sollte man nicht sein und Lob und Tadel möglichst gleichmäßig verteilen. Am schönsten ist es natürlich, wenn man am 6. Dezember den Kindern noch einen leibhaftigen Nikolaus präsentieren kann. Am besten versichert man sich der Dienste eines Bekannten oder Verwandten. Zwar sind meist die Väter die besten Nikoläuse, weil sie die großen und kleinen Sünden ihrer Kinder kennen, aber man sollte bedenken, daß Kinder solche Täuschungsmanöver sehr schnell durchschauen.

Der Adventskranz mit seinen vier Lichtern, gleich den vier Sonntagen des Advent, zaubert Weihnachtsstimmung ins Haus und steigert bei groß und klein die Vorfreude auf das herrliche Lichterfest.

Die Kleinen müssen natürlich ein Gedicht aufsagen und dem Nikolaus Rede und Antwort stehen. Es gibt viele Gedichte, die sich über Jahrhunderte erhalten haben und die man auch heute noch mit den Kindern einüben kann, etwa dies:

Sankt Nikolaus, leg mir ein,
was dein guter Will mag sein:
Äpfel, Birnen, Nuß und Kern
essen die kleinen Kinder gern.

Vielleicht kennen Sie ja noch andere Verse, doch sollte auch der Nikolaus ein Gedicht sprechen. Theodor Storm hat uns das wohl schönste hinterlassen, und wir alle kennen es noch aus unseren Kindertagen:

Von drauß' vom Walde komm ich her;
ich muß euch sagen, es weihnachtet sehr!
Allüberall auf den Tannenspitzen
sah ich goldene Lichtlein sitzen...

Schon aus diesem kurzen Reim wird deutlich, daß dem Licht in vergangener Zeit eine besondere Bedeutung zukam. Damals fürchtete sich der Mensch vor der Finsternis der langen Nächte, dem Hereinbrechen von Nebel, Sturm und Frost. In diesen Wochen erhoben sich die Dämonen des Winters, und man stellte sich ein Heer wilder Gesellen vor, das mit Sturmesbrausen durch die Lüfte jagte.

Um sich davor zu schützen, wurden Gebete oder Zauberformeln gesprochen. Der Aberglaube trieb es so weit, daß man einen Besen mit den Borsten nach oben vor die Haustür stellte, um die Geister fernzuhalten, oder zwei Messer kreuzweise in den Stall legte, damit die Tiere nicht verhext würden. Aber auch gute Kräfte vermutete man in dieser Zeit. So wurden die Häuser mit Zweigen geschmückt – die geheimnisvolle Kraft des Wintergrüns, der Eibe, des Buchsbaums, der Mistel oder Stechpalme, sollte auch der eigenen Lebensart nutzen. Das ewige Grün dieser Pflanzen verriet zudem eine besondere Widerstandskraft gegen die lebenbedrohenden Mächte der Dunkelheit und Kälte, die mit dem Tiefststand der Sonne heraufzogen. Auch das Symbol der Adventszeit lebt vom Immergrün: der Adventskranz. Heute steht er in fast jedem Haus – erstaunlicherweise gibt es ihn aber erst seit Mitte des vorigen Jahrhunderts, und erst nach dem Ersten Weltkrieg wurde er in der heute üblichen Form verbreitet. Dieser schöne, stimmungsvolle Zimmerschmuck – ursprünglich ein Symbol des Sieges aus der Antike – wird mit vier Adventslichtern geschmückt und farbenfrohen Bändern umwunden: Er ist Zeichen für Wärme und Licht, für Geborgenheit und Friede.

Dies gilt auch für die Weihnachtskerzen, deren

heller, warmer Schein als Symbol für die wiederkehrende Sonne gilt. So hat schon der Physiker Faraday vor über hundert Jahren gesagt: „Viele kennen die strahlende Schönheit von Gold und Silber, das noch hellere Glitzern von Edelsteinen – aber nichts von alledem kommt dem Glanz und der Schönheit einer Kerze gleich."

Unsere Vorfahren wußten nur allzu gut um die geheimnisvolle Kraft des Kerzenlichts, und bereits im Mittelalter war es so beliebt, daß das Wachs in bedeutenden Mengen von überall her eingeführt werden mußte, vor allem aus den vorderasiatischen Ländern und aus Rußland. Bald gab es sogar eigene Kerzenmacherzünfte und einen Wachszins, nach dem zu bestimmten Zeiten eine gewisse Menge Rohwachs oder sogar fertige Kerzen an die Obrigkeit abzuführen waren.

Im Schein der hellen Kerzen fanden auch die Christkind- oder Weihnachtsmärkte statt. Ein Bummel über den Weihnachtsmarkt ist heute noch ein Erlebnis für jung und alt. Der älteste wird in Nürnberg veranstaltet und heißt dort Christkindlesmarkt. Von Anfang Dezember bis zum Heiligen Abend sind dann die Buden mit den vielen Leckereien aufgebaut, alles duftet nach Backwaren und weihnachtlichem Gewürz. Weithin bekannt ist auch der Dresdner Striezelmarkt, auf dem vor allem die hübschen Weihnachtsfiguren aus dem Erzgebirge zu kaufen sind – also Bergmänner, Pyramiden, Nußknacker und Räuchermänner. Heute ziehen die Märkte in München, Berlin und Hamburg besonders viele Menschen an. Was für die Münchner ihr Christkindlmarkt, ist für die Hamburger der Dom. Sein Name leitet sich aus jener Zeit ab, als noch die Stände mit den Backwaren und Süßigkeiten sowie den Spielsachen in den Kreuzgängen des Doms aufgestellt wurden.

Leider ist auf diesen Weihnachtsmärkten nur noch wenig von der ursprünglichen Festfreude und Besinnlichkeit zu spüren. Man wird das Rad der Zeit nicht zurückdrehen können, doch sollte man zumindest zu Hause, in der Familie, ein wenig mehr Ruhe einkehren lassen. Vorweihnachtliche Atmosphäre hat der Dichter Joseph von Eichendorff unnachahmlich eingefangen:

Markt und Straßen stehn verlassen,
still erleuchtet jedes Haus,
sinnend geh' ich durch die Gassen,
alles sieht so friedlich aus.
Und ich wandre aus den Mauern
bis hinaus ins freie Feld,
hehres Glänzen, heil'ges Schauern!
Wie so weit und still die Welt!

Ein junger, aber schöner Brauch ist es, zum ersten Advent Kalender zu verschenken, die für jeden Tag bis Weihnachten eine Überraschung enthalten. Besonders den Kindern bereiten diese Kalender viel Freude, denn jedesmal, wenn am Morgen ein Fensterchen geöffnet werden darf, wartet dahinter ein kleines Geschenk oder ein schönes Bild aus der Geschichte des Christentums.

Hier ein Tip, der Kindern und Erwachsenen viel Freude bereiten wird: 24 Streichholzschachteln werden verziert oder bemalt und mit kleinen Geschenken gefüllt. Die von 1 bis 24 numerierten Schachteln werden nun mit farbigen Bändern verschnürt und in ein kleines Adventsbäumchen gehängt. Es genügt aber auch ein breites, mit Weihnachtsmotiven versehenes Samtband, an dem die kleinen Gaben aufgehängt werden. Vielleicht basteln Sie sogar einen Super-Adventskalender, der alle 24 Schachteln aufnimmt. Ihrer Phantasie können Sie also freien Lauf lassen. Wie immer Sie es aber auch machen: Denken Sie daran, daß es nicht darauf ankommt, besonders wertvolle Geschenke auszuwählen, sondern auf die Freude, die Sie dem anderen bereiten – meist kommen die kleinen, für den einzelnen ausgesuchten oder gebastelten Dinge besser an als die protzigen Präsente.

Wem es gar nicht weihnachtlich zumute werden will, der sollte sich einmal im abendlichen Gedränge eines Weihnachtsmarktes von Stand zu Stand schieben lassen, umgeben von herrlichen Düften nach Lebkuchen, Kräutern und gebrannten Mandeln. Der berühmte Christkindlesmarkt der Spielzeugstadt Nürnberg hat die älteste Tradition.

Adventszopf

Die gute alte Sitte des Zopfflechtens gehört der Vergangenheit an. Doch hat sich die Zopfform bis heute in vielfältiger Weise erhalten – als Schmuck- oder Verzierungssymbol oder auch als Kuchenform, denn ein hübsch angerichteter, kunstvoll geflochtener und gebackener Zopf aus Teig schmeckt eben gut.

1 Würfel Hefe, 1/4 l saure Sahne,
50 g Zucker, 450 g Mehl, 100 g Butter,
1 Eßlöffel Rum, 1–2 Eier, 50 g Rosinen,
50 g feingehackte Mandeln
Zum Bestreichen und Bestreuen: 1 Eigelb,
Mandelblättchen

Die zerbröckelte Hefe mit der erwärmten Sahne und je 2 Teelöffeln Zucker und Mehl zu einem glatten Vorteig kneten. Das restliche Mehl in eine Schüssel oder auf das Backblech geben, eine Vertiefung machen, den Vorteig hineinfüllen und mit dem Mehl bedecken. Das Ganze nun in der Wärme ca. 1 Stunde gehen lassen.

Die Butter mit den Eiern, Rum, Rosinen, dem restlichen Zucker und den gehackten Mandeln zusammenarbeiten und den Teig gut durchkneten. Drei gleichmäßig dicke Würste formen, die zu einem geraden oder runden Zopf zusammengeflochten werden. Diesen nochmals auf dem Backblech 30 Minuten gehen lassen, mit dem Eigelb bestreichen und die Mandelblättchen gleichmäßig darauf verteilen. Im vorgeheizten Rohr bei 200° C 40 Minuten backen.

Äpfel im Schlafrock

Die Küche Baden-Württembergs ist für ihre Vielfalt und Raffinesse berühmt – sie nimmt es auf vielen Gebieten mit der französischen auf. Doch nicht nur für den Feinschmecker hat diese Küche etwas parat, sie bietet ebenso Derb-Bäuerliches, das, einfach und schnell zubereitet, köstlich schmeckt.

200–250 g Mehl, 80 g Zucker,
2 Eßlöffel saure Sahne, 2 Eigelb, 1 Prise Salz,
125 g Butter, 4–6 Äpfel, Marmelade
(am besten Johannisbeer- oder Kirschmarmelade),
100 g in Stifte geschnittene Mandeln, 2 Eigelb,
200 g Puderzucker, Saft von 1 Zitrone

Das Mehl auf einem Backbrett häufeln und eine Vertiefung machen, in die der Zucker, die Sahne, das Eigelb und das Salz gegeben werden. Die Butter in kleinen Stückchen rund um das Mehl verteilen und das Ganze rasch zu einem Teig verkneten. Der Teig sollte ca. 40 Minuten zugedeckt kaltgestellt werden.

Nun den Teig knapp 1 cm dick ausrollen und Vierecke ausstechen, die so groß sein sollten, daß man darin einen Apfel einwickeln kann. Die Äpfel schälen, aushöhlen und mit Marmelade und den gestiftelten Mandeln füllen. Die Teigecken bis über die Apfelmitte hochschlagen, leicht andrücken und auf die Öffnung ein rundes Teigplätzchen setzen.

Das Ganze mit dem restlichen Eigelb bestreichen und 20 Minuten bei 170° C backen. Danach den Puderzucker mit dem Zitronensaft verrühren und die Äpfel glasieren.

Amaretti

Haselnuß- und Mandelmakronen müssen auf der Zunge zergehen. Sie gehören nämlich zu jenen feinen Schleckereien, die aus Italien und Frankreich zu uns gekommen sind. Typisch für Makronen ist, daß Mandeln oder Nüsse und Zucker zu gleichen Teilen verwendet werden. Hier nun zwei Rezepte, nach denen Makronen in ihren Ursprungsländern hergestellt werden. Eine italienische Spezialität sind die Amaretti, die als Urahnen der Makronen gelten.

200 g süße Mandeln,
100 g bittere geschälte Mandeln,
500 g Puderzucker, 2 Eiweiß
Zum Bestreuen: 50 g Puderzucker

Die getrockneten Mandeln werden sehr fein gemahlen und mit Eiweiß und Zucker zu einem Teig verknetet. Aus diesem Teig formt man nußgroße Kugeln, die auf ein mit Alufolie belegtes Blech gesetzt werden. Bei möglichst geringer Backhitze (100° C) sollen die Amaretti ca. 20 Minuten mehr trocknen als backen. Noch wenn sie heiß sind, sollen sie mit Puderzucker bestreut werden.

4 Eiweiß, 250 g geriebene Mandeln,
250 g feiner Zucker, 2 Tropfen Bittermandelöl,
1/2 Teelöffel Zitronensaft,
30 g geschälte, in feine Blättchen geschnittene Mandeln

Für die französischen Makronen wird zunächst nur ein Eiweiß mit Mandeln und Zucker auf geringer Flamme gerührt, bis sich die Masse zu einem Kloß verbindet. Dann vom Feuer nehmen und erkalten lassen. Das restliche Eiweiß nun zu steifem Schnee schlagen und mit dem Mandelöl und dem Zitronensaft unter die erkaltete Mandelmasse rühren. Je drei haselnußgroße Kügelchen werden zu einer Makrone geformt und auf Alufolie bei 130° C ca. 40 Minuten gebacken. Zur Verfeinerung des Geschmacks können die Makronen vor dem Backen mit Mandelblättchen verziert werden.

Anisplätzchen

Anis gehörte bereits im Altertum zu den bekanntesten Gewürzen und fand schon damals als Arznei Verwendung. Ursprünglich wurde die Anispflanze in Vorderasien, Ägypten und den griechischen Inseln angebaut, heute ist sie in ganz Europa verbreitet und wird sogar auf Feldern gezüchtet, so in Bulgarien, Frankreich und Spanien. Anis ist bekannt geworden als Grundstoff für köstliche Liköre (Anisette), doch auch als Aroma für Eierschaumgebäck eignet es sich vorzüglich.

4 Eier, 250 g Zucker, 250–300 g Mehl,
2 Eßlöffel gestoßener Anis
(die „doppelt gereinigte" Sorte),
geriebene Schale einer halben Zitrone,
1/2 Päckchen Backpulver

Eier und Zucker recht schaumig rühren, dann den gereinigten Anis, Zitronenschale und das mit dem Mehl vermengte Backpulver hinzugeben und das Ganze zu einem Teig verarbeiten. Mit einem Teelöffel kleine Hügelchen auf ein gefettetes Blech setzen und über Nacht bei Zimmertemperatur antrocknen lassen – nur so bekommen die Plätzchen die typischen „Füßchen". Am anderen Tag bei 100° C ca. 30 Minuten hellgelb ausbacken.

Blumenkohl mit Schinken

„Blumenköl“, wie er früher genannt wurde, soll aus Genua stammen und erst im 16. Jahrhundert nach Deutschland gekommen sein. Er wird auch als Karfiol bezeichnet und gehört zu den feinsten und wohlschmeckendsten Gemüsearten. Blumenkohl soll fest, weiß und ohne Flecken sein.

1 Kopf Blumenkohl,
30 g Butter oder Margarine, 2 Zwiebeln,
1/4 l Wasser, 1/8 l Milch, 1 Lorbeerblatt,
Salz, Muskat, 1/8 l saure Sahne, 1 Eigelb,
100 g geriebener Emmentaler, 30 g Mehl,
250 g gekochter Schinken

Den ganzen Blumenkohl in Salzwasser legen und je nach Größe zwischen 20 und 30 Minuten weichkochen. Parallel dazu die Zwiebeln würfeln und in heißem Fett gelb werden lassen. Wasser, Milch, das Lorbeerblatt, 1 Prise Salz und Muskat dazugeben; kurz aufkochen lassen. Die saure Sahne mit dem Eigelb, 50 g Käse und Mehl verrühren und in die Tunke geben. Noch einmal kurz aufkochen lassen. Fertigen Blumenkohl mit dieser Soße begießen.

Den gekochten Schinken in Röllchen legen und mit dem restlichen Käse bestreuen. Dann im vorgeheizten Backofen bei 200°C goldbraun überbacken.

Bratäpfel

Heiße Bratäpfel sind genau das richtige für kalte Adventsnachmittage. Schon zu Großmutters Zeiten sind sie beliebt gewesen und in fröhlicher Runde bei einem heißen Teepunsch gereicht worden. Allein schon ihr unnachahmlicher Duft vermittelt weihnachtliche Atmosphäre.

Das Grundrezept:
4 mittelgroße Äpfel (am besten Boskop),
Margarine für das Blech, 1 Eßlöffel Zucker

Bereiten Sie erst die Füllungen vor. Dann die Äpfel gut waschen und abtrocknen. Das Kerngehäuse sorgfältig entfernen. Füllung nach Wahl hineingeben und die Äpfel auf ein leicht gefettetes Backblech setzen. In den vorgeheizten Backofen schieben und bei 225°C etwa 30 Minuten braten. Jeden Apfel mit Zucker bestreuen und servieren.

Füllung 1:
Eine reife Banane mit der Gabel zerdrücken und mit 2 Eßlöffel gehackten Walnüssen vermischen. 1 Teelöffel Zucker und 2 Eßlöffel Sahnejoghurt unterrühren. In den Apfel füllen und mit einem Butterflöckchen betupft braten.

Füllung 2:
3 Eßlöffel gemahlene Mandeln mit einem Teelöffel Zucker und 10 g Butter verrühren. Die Äpfel damit füllen. Nun zwei in Sirup eingelegte Ingwerfrüchte in Streifen schneiden und in die Öffnungen stecken. Jeden Apfel mit 1 Teelöffel Ingwersaft beträufeln und im Ofen braten.

Candeel

Candeel ist eigentlich ein typisch holländisches Getränk, das man früher nach der Geburt eines Kindes kredenzte, wenn die Wöchnerin das Neugeborene Freunden und Bekannten zum erstenmal zeigte. Dazu aß man Kuchen und tauschte die neuesten Klatschgeschichten aus. Candeel kann man aber auch sehr gut bei anderen Gelegenheiten genießen, vor allem wenn es draußen schön frostig ist und man sich zu einem Dämmerschoppen zusammenfindet.

4 Eier, 150 g Zucker,
abgeriebene Schale und Saft einer Zitrone,
1 Messerspitze Zimt,
1 Flasche trockener Weißwein

Die Eier mit dem Zucker schaumig rühren und die abgeriebene Zitronenschale sowie den Saft hinzugeben. Den Wein zugießen und die Mischung unter ständigem Rühren mit einem Schneebesen langsam erhitzen. Keineswegs aufkochen lassen. Dann den Zimt hinzufügen und heiß servieren. Candeel kann eine enge Verwandtschaft mit der bei uns bekannten Chaudeau-Sauce nicht verleugnen.

Eberswalder Spritzkuchen

Eberswalde, die kleine verträumte Kreisstadt in der Mark Brandenburg, ist nicht nur wegen eines vorgeschichtlichen Goldfundes im Jahre 1913 bekannt geworden, sondern auch wegen des berühmten Spritzkuchens.

150 g Mehl, 60 g Butter, 1/4 l Wasser,
1 Prise Salz, 3–4 Eier
Zum Backen: 1 kg Kokosfett oder 1 l Öl
Für den Guß: 150 g Puderzucker,
1 Eßlöffel Wasser, 1 Teelöffel Rum

Wasser mit der Butter und dem Salz in einem Topf aufkochen lassen; anschließend das Mehl hineinrühren. Nun wieder so lange erhitzen, bis sich ein Kloß bildet. Den Topf vom Herd nehmen und zunächst ein Ei hineinrühren. Den Teig etwas abkühlen lassen und die übrigen Eier so lange unterrühren, bis der Teig in langen Spitzen vom Löffel fällt.

Das Kokosfett oder das Öl im Frittiertopf auf ca. 180°C erhitzen und Pergamentpapierstückchen von ca. 10 x 10 cm Größe zuschneiden; mit ein wenig Öl fetten. Den Teig nun in einen Spritzbeutel (Sterntülle) füllen und auf dem Pergamentpapier Kränze mit 3–4 cm Innendurchmesser (3 Schichten übereinander) spritzen. Dann je 4–5 Ringe für rund 10 Minuten ins heiße Fett setzen, bis sie goldbraun gebacken sind, und anschließend abtropfen lassen.

Auf einem Kuchengitter auskühlen lassen. Den Puderzucker mit Wasser und Rum glattrühren und die Spritzkuchen damit bestreichen.

Feuerzangen-bowle

Unvergessen wird Heinz Rühmann in seiner Rolle als pfiffiger Schüler bleiben, der die unmöglichsten Sachen ausheckt und die Lehrer damit schier zur Verzweiflung treibt. Im Film „Die Feuerzangenbowle" erinnert sich der älter gewordene Tunichtgut seiner Jugendstreiche beim Genuß dieses köstlichen Getränks, das auch Sie und Ihre Bekannten dazu animieren wird, in Nostalgie zu schwelgen.

Rezept 1:
2 Flaschen Weißwein, 1/2 Zitrone, 1 Orange,
2 Gewürznelken, 1 Stange Zimt,
1/2 Flasche trockener Sherry,
1/2 Flasche Arrak, 1 Zuckerhut

Zitrone und Orange auspressen und mit den Gewürznelken und dem Zimt in den Wein geben. Das Ganze fast bis zum Kochen bringen, dann den trockenen Sherry dazugießen. Den Zuckerhut auf die Feuerzange über den Kessel legen. Den Arrak auf den Zucker gießen und anzünden. So lange durch Nachgießen mit Arrak die Flamme erhalten, bis der ganze Zucker in den Wein geträufelt ist. Nun das Getränk mit einer Schöpfkelle in die vorgewärmten Punschgläser gießen.

Rezept 2:
2 Flaschen Rotwein, 3 Orangen, 1 Zitrone,
3 Gewürznelken,
1/2 Flasche hochprozentiger Rum (54%),
1 Zuckerhut

Rotwein in den Kessel geben und die ausgepreßten Orangen, die Zitrone sowie die Gewürznelken dazugeben. Fast zum Kochen bringen. Den Zuckerhut auf die Feuerzange legen und den Rum (wie oben) darüberträufeln.

Gedünsteter Heilbutt

Der Heilbutt ist der größte aller Plattfische. Im Niederdeutschen wird er auch „Hilligbutt“ genannt, was andeutet, daß er vorwiegend für die „heiligen“ Tage als Speise diente. Er kann bis zu 150 Kilogramm schwer und mehr als zwei Meter lang werden. Wegen seiner Größe ist er im allgemeinen nur filetiert oder im Anschnitt erhältlich.

4 Heilbuttschnitten von 200–250 g,
1 Eßlöffel Butter, 1 Zwiebel, Salz, Pfeffer,
1/4 l trockener Weißwein, 1 Bund Petersilie,
1 Zitrone

Einen flachen Topf mit Fett ausreiben und mit gehackten Zwiebeln bestreuen. Die gewaschenen Heilbuttschnitten mit Salz und ein wenig Pfeffer würzen. In den Topf geben, den Wein und etwas Wasser auffüllen und das Ganze zugedeckt 20 Minuten langsam dünsten.

Den Heilbutt aus dem Sud nehmen und mit ausgelassener Butter, Sahnemeerrettich und Salzkartoffeln servieren. Die Salzkartoffeln mit gehackter Petersilie bestreuen, die Zitrone vierteilen und jeder Portion mit einer Presse beigeben. Dazu paßt ein herbes Bier oder ein trockener, gut gekühlter Rosé, Pinot noir oder ein herber Weißwein wie zum Beispiel ein Chablis.

A.P. Nr. 445 002 76
-Felsengeist-
Schiller
CABINET
WEINKELLEREI KÜNZELSAU
Weinkellerei
Künzelsau

Grünkohl mit Leberkäse

Zur Winterzeit, wenn die ersten Nachtfröste über das Land gezogen sind, ist Grünkohl eines der beliebtesten Gerichte in Ost- und Nordfriesland. Aber nicht nur auf dem platten Marschland hat dieses würzige Gemüse Freunde. Auch in Süddeutschland findet ein zünftiges Grünkohlessen immer mehr Anklang – dann natürlich mit Leberkäse und nicht mit der in Norddeutschland üblichen Grützwurst, auch Pinkel genannt.

2—2 1/2 kg Grünkohl, 100 g Schmalz,
250 g durchwachsener Speck, Salz, Pfeffer,
3 Zwiebeln, 1/2 l Wasser,
4 Scheiben Leberkäse, 4 Eßlöffel Öl

Grünkohl von den Stielen und Strünken befreien und gründlich waschen. Abtropfen lassen und fünf Minuten in kochendem Salzwasser sieden. Tüchtig ausdrücken und auf einem Brett kleinschneiden. Inzwischen Zwiebeln schälen und zerkleinern. Speck in kleine Würfel schneiden.

Das Schmalz in einem großen Topf erhitzen und den Speck darin auslassen. Die kleingehackten Zwiebeln dazugeben und bräunen. Dann den Grünkohl in den Topf geben und mitrösten. Mit Salz und Pfeffer würzen, das Wasser angießen und alles zugedeckt 60—90 Minuten dünsten.

Leberkäse in heißem Öl von jeder Seite goldbraun braten. Dazu Röstkartoffeln reichen. Als Getränk paßt am besten ein zünftiges Bier.

Ingwerlikör

Ingwer wird in den Tropen angebaut, ist würzig scharf und dient nicht nur als Heilpflanze für den Magen, sondern auch als Würze für die verschiedensten Süßigkeiten. Aber es läßt sich noch mehr damit machen: Ein sehr gut bekömmlicher und wohlschmeckender Likör, der ungemein lecker ist. Bittersüß wie so vieles im Leben.

60 g frischer Ingwer (ersatzweise kann auch gestoßener, getrockneter verwendet werden), 1 Flasche Cognac oder guter Weinbrand, 200 g Honig

Ingwer schälen und in feine Scheiben schneiden. Mit dem Cognac übergießen und eine Woche – am besten in einer gut ausgespülten Flasche – ziehen lassen. Öfter mal durchschütteln.
Nach einer Woche durch ein Sieb gießen. Die übrigbleibenden Ingwerscheibchen mit Honig und wenig Wasser (4 Eßlöffel) mischen, in einen Topf geben, kräftig aufkochen und zugedeckt abkühlen lassen. Dann wieder zum Cognac geben, gut schütteln und fest verschließen.
Es ist möglich, daß der Likör etwas trübe wird. Bei längerer ruhiger Lagerung setzen sich allerdings diese Stoffe wieder ab.
Theoretisch läßt sich der Likör in einer gut verschlossenen Flasche unbegrenzt lagern, doch wenn erst einmal davon gekostet worden ist, dann wird es wohl nicht lange dauern, bis Sie die nächste Flasche kredenzen müssen.

Königspunsch

Erst im 16. Jahrhundert brachten Seefahrer, Missionare und arabische Händler Teeproben aus Ostasien nach Europa. Für diese Kostbarkeiten wurden damals phantastische Preise verlangt und auch bezahlt. Tee galt als Stärkungsmittel, sollte Lebenskraft und Gedächtnis fördern und das Blut in erwünschter Weise verdünnen.

Zu Beginn des 19. Jahrhunderts wurden Tee und Kaffee zum Modegetränk des Bürgertums. Eine ganze Segelschiffgeneration – die Teeklipper – brachte die neuen Ernten in Rekordzeit an die Themse. Die fischschlanken Pyramiden aus Segeltuch benötigten nur rund 100 Tage für die lange Reise von Indien.

Auch heute noch gilt es als Kunst, Tee richtig zuzubereiten. Wenn man jedoch einige wenige Regeln beachtet, dann kann eigentlich nichts schiefgehen. Den Tee nie in einer kalten Kanne aufgießen. Immer eine Teekanne benützen, in der Ihr Spülmittel nichts zu suchen hat. Nicht länger als 5 Minuten ziehen lassen.

10 g schwarzer Tee,
1/4 l Wasser, 3 Zitronen, 200 g Zucker,
1 Flasche Rotwein, 1/2 Flasche Weißwein,
1/4 Flasche Arrak

Tee mit Wasser aufbrühen und 5 Minuten ziehen lassen, dann von den Blättern abgießen. Nun den Zucker, den Wein und den Saft der Zitronen hinzugeben und kaltstellen. Den Arrak erst auffüllen, wenn sich der Zucker gelöst hat. Alles bis zum Kochen erhitzen, in das Punschgefäß füllen und – je nach Lust und Laune – noch einige Gläschen Likör untermischen.

Liegnitzer Bomben

Daß raffinierte Honigleckereien nicht nur aus dem Süden Deutschlands kommen, haben zwar nicht nur die Schlesier zu widerlegen versucht. In Liegnitz, einer Stadt an der Katzbach in Niederschlesien, ist aber sogar eine Spezialität beheimatet, die weit über die Grenzen unseres Landes hinaus Freunde gefunden hat.

250 g Zucker, 400 g Honig, 125 g Butter,
4 Eier, abgeriebene Schale einer halben Zitrone,
1 Eßlöffel Zimt, 1 Teelöffel Nelkenpulver,
je 1 Eßlöffel Rum und Rosenwasser,
50 g Kakao, 500 g Mehl,
1 Päckchen Backpulver,
je 125 g in Würfel geschnittenes Zitronat und Korinthen, 125 g gehackte Mandeln
Zum Bestreichen: 200 g Aprikosenkonfitüre
Zum Guß: 250 g gesiebter Puderzucker,
3 Eßlöffel Kakao, 1 Teelöffel Butter,
etwas heißes Wasser

Honig, Zucker und Butter in milder Hitze zerfließen und auskühlen lassen. Eier mit Gewürzen, Kakao, Rum und Rosenwasser unter die lauwarme Masse rühren. Danach das mit dem Backpulver vermischte Mehl dazugeben und alles zu einem dickflüssigen Teig verarbeiten. Erst zum Schluß Mandeln, Zitronat und Korinthen untermischen.

Den Teig nun in gut gefettete Bombenringe von ca. 6 cm Durchmesser und ca. 4 cm Höhe füllen und auf einem gefetteten Blech bei 190 bis 200°C ca. 25 Minuten im vorgeheizten Rohr backen.

Die erkalteten Bomben werden anschließend mit Aprikosenkonfitüre bestrichen und mit Schokoladenguß überzogen.

Sollten keine Bombenformen zur Hand sein, wird das Backblech mit Alufolie oder gefettetem Pergamentpapier belegt und mit gefetteten Kuchenringen von ca. 5–6 cm Durchmesser (ohne Boden) besetzt. Der Teig ist in die Ringe zu füllen.

Lübecker Marzipan

Marzipan ist ein seit Jahrhunderten bekanntes und beliebtes Konfekt. Es stammt aus dem Orient, höchstwahrscheinlich aus Persien, wo es aus Mandeln, Zucker und Öl zubereitet wurde. Über die Bezeichnung Marzipan streiten sich noch heute die Gelehrten: Die einen führen den Namen auf das Brot des heiligen Markus – „marci panis“ – zurück, andere leiten das Wort aus dem italienischen „marzapane“ und dies wiederum aus dem arabischen „mautaban“ ab. Wie dem auch sei – fest steht, daß das Marzipan seit der Zeit der Kreuzzüge in ganz Europa verbreitet ist und in Lübeck seit 1407 hergestellt wird.

250 g geschälte süße Mandeln,
25 g geschälte bittere Mandeln,
250 g Puderzucker, 3 Eßlöffel Rosenwasser

Die abgezogenen trockenen Mandeln werden zweimal durch die Mandelmühle gedreht oder im Mörser so fein wie möglich zerrieben (man kann Mandeln auch bereits fertig gerieben kaufen). Die Mandeln nun gut mit dem Zucker und dem Rosenwasser auf dem Backbrett verkneten, bis eine glatte Masse entsteht. Auf Puderzucker ausgerollt, können nun beliebige Formen ausgestochen werden, die man im Backofen bei offener Tür oder an der Luft trocknen läßt. Eine Glasur mit Puderzucker oder lustige Verzierungen können ganz nach Laune und Phantasie den Marzipangenuß vervollkommnen.

Martinsente

Der 11. November, der Tag des heiligen Martin, ist hierzulande zwar kein traditioneller „Ententag", denn in früheren Zeiten aß man Rebhühner oder Fasan und – nachdem diese rar wurden – Gänse. Doch spätestens seit diese sich zum Weihnachtsbraten gemausert haben, ist die vorweihnachtliche Zeit auch Entenzeit – denn man sollte sie verspeisen, wenn sie am schmackhaftesten sind, von Ende September bis in den Februar hinein.

1 fleischige Jungente, 100 g Butter,
1 Eßlöffel Cognac, 1 Teelöffel Majoran,
1 Messerspitze gemahlener Kümmel
Zur Füllung: Entenleber, 1 Brötchen,
125 g fein geschnittener Speck,
100 g Sardellenfilets, einige Stiele von Steinpilzen,
je 1 Messerspitze Muskat,
Thymian und 2 Lorbeerblätter

Die bratfertig hergerichtete Ente wird innen mit Salz, Majoran und Kümmel eingerieben. Dann die Füllung aus vermengter Entenleber, dem aufgeweichten Brötchen, Speck, Sardellenfilets, Steinpilzstielen und den restlichen Gewürzen hineingeben.

100 g Butter im Bratentopf zerlaufen lassen und die Ente bei geöffneter Pfanne von allen Seiten ein wenig anbraten. Erst jetzt auf die Brustseite legen und bei geschlossenem Topf eine Viertelstunde bei mittlerer Hitze braten (170° C). Dann die Ente wenden, mit dem Bratensaft übergießen und auf der anderen Seite weitere 15 Minuten braten.

Nochmals begießen, wieder umdrehen. Diese Prozedur sollte mehrmals wiederholt werden, bis ein leichter Druck auf die Schenkel zeigt, daß sie gar ist. Zum Schluß wird die Ente von allen Seiten mit Cognac bepinselt und ein letztes Mal für wenige Minuten ins Rohr geschoben.

Als Beilagen werden Rotkraut und Salzkartoffeln gereicht.

NOIR

Neuenburger Fondue

Für die Schweizer Bergbauern bestand das Fondue ursprünglich nur aus einem einfachen Klumpen Käse, der in einem Topf zum Schmelzen gebracht wurde. Denn Fondue heißt nichts anderes als „geschmolzen". Dazu wurde Weißbrot gegessen und Tee getrunken.

Für ein Käsefondue, das erst in den letzten fünfzig Jahren im Flachland bekannt geworden ist, benötigt man ein ganzes Sammelsurium von Zusatzgeräten. Wichtig sind allerdings nur das Caquelon, ein innen glasierter Topf mit einem dicken Griff, und ein Rechaud.

Die Schweizer sagen, nur ein Greyerzer (Gruyère), ein Emmentaler oder ein Vacherin dürfe es sein. Probieren Sie aber dennoch auch einen mittelalten Gouda.

300 g Emmentaler und 300 g Greyerzer,
1 Knoblauchzehe, 1/2 l trockener Weißwein,
4 Eßlöffel Kirschwasser, 2 Teelöffel Speisestärke,
frisch gemahlener schwarzer Pfeffer, Muskat,
2 Stangen französisches Weißbrot

Den Käse mit einer Handreibe oder einer Reibemühle grob zerkleinern. Das Caquelon mit einer angeschnittenen Knoblauchzehe kräftig ausreiben. Den Weißwein in das Caquelon geben und aufs Feuer setzen. Nach und nach den Käse hinzugeben und unter ständigem Umrühren schmelzen lassen. Jetzt die Speisestärke und das Kirschwasser untermischen. Ist die Masse zu dick geraten, verdünnen Sie den Brei mit einem Schuß Wein; ist sie zu dünn, mischen Sie noch ein bißchen Käse oder kalt angerührte Speisestärke unter. Mit Pfeffer und Muskatnuß abschmecken. Das Fondue sehr heiß auf dem Rechaud servieren.

Das Brot sollten Sie schon vorher in dominogroße Würfel zerschneiden. Wenn Ihnen das Wohl Ihrer Gäste am Herzen liegt, dann reichen Sie zum Fondue keine kalten Getränke, sondern Tee oder Kaffee – das hält den Käse im Magen weich. Für robuste Naturen aber ist ein trockener Weißwein das Richtige.

Palatschinken mit Krebsfleisch

Die österreichisch-ungarische Küche war und ist für ihre Eierkuchen und Süßspeisen berühmt. Besonders die „Kaiserschmarrn" haben alle Stürme der Zeiten und alle Traditionsbrüche unbeschadet überstanden. Die k. u. k. Dynastien sind dahin, doch die Palatschinken blieben. Selbstverständlich kann man sie auch ohne Zutaten als Vorspeise servieren, doch weit raffinierter ist unser folgendes Rezept.

250 g Mehl, 2 Eier, 0,4 l Milch, Öl,
15 Krebse oder 150 g Krebsfleisch in Dosen,
125 g Steinpilze, 0,2 l saure Sahne,
1 Bund Petersilie, je eine Prise Salz und Pfeffer,
50 g Butter

Das Mehl mit den Eiern und der Milch glattrühren. Einen halben Teelöffel Öl in die Pfanne gießen, heiß werden lassen und dann mit dem Schöpflöffel so viel Teig in den Tiegel geben, daß nach dem Auseinanderlaufen sich eine dünne, gleichmäßige Schicht bildet. Wenn die untere Seite gebacken ist, mit dem Messer wenden und anschließend in eine Schüssel stürzen. Jedesmal etwas Öl nachgießen! Die Menge reicht für etwa 15 bis 20 Palatschinken.

Nun das Schwanz- und Scherenfleisch der gekochten Krebse auslösen, die Pilze in Butter leicht dünsten und anschließend mit der Petersilie feinhacken. Das Ganze vermischen, salzen, pfeffern, die saure Sahne sowie ein nußgroßes Stück Butter hinzugeben.

Ein feuerfestes Gefäß mit Butter ausstreichen, eine Palatschinke hineingeben und diese mit der Füllung bestreichen, darüber eine weitere Palatschinke legen und ebenfalls bestreichen. So fortfahren, bis alle Zutaten verbraucht sind. Das Ganze nun in der Röhre bei mittlerer Hitze ca. 15 Minuten backen.

Pomeranzenbrötchen

Dieses Gebäck kommt nicht etwa aus Pommern, sondern aus dem sonnigen Süden, aus Italien. Die deutsche Wortschöpfung aus den italienischen Wörtern „pomo“ = Apfel und „aranica“ = bittere Apfelsine verrät eigentlich nicht, daß es sich bei der Frucht um die Bitterorange handelt, von einem in Südostasien und im Mittelmeergebiet beheimateten Baum.

250 g Zucker, 4 Eier,
abgeriebene Schale einer Zitrone
und einer Orange, 50 g Zitronat,
125 g kandierte Pomeranzenschalen,
300 g Mehl
Zum Belegen: Zitronat- und Orangeatstreifen

Den Zucker mit den Eiern und der Zitronen- und Orangenschale sehr schaumig rühren. Das zu Stiften geschnittene Zitronat und die Pomeranzenschale untermischen und das Mehl löffelweise dazugeben. Aus dem gut durchgekneteten Teig ovale Plätzchen formen, auf ein gefettetes und bemehltes Backblech legen und die Plätzchen mit dem Messer kreuzweise einschneiden. In diese Einschnitte in schmale Streifen geschnittenes Zitronat und Orangeat legen und etwa 20 Minuten bei 180°C backen.

Rumtopf

Ein Rumtopf entsteht nicht an einem Nachmittag, er muß über Tage und Wochen sein typisches Aroma entwickeln. Erst dann schmeckt er so, wie wir ihn lieben – süß, fruchtig und feurig. Ausgezeichnet eignet er sich als Beigabe zu Eis, aber Vorsicht: In Maßen genießen. Vor allem die Früchte haben es in sich!

500 g verschiedene Früchte, 500 g Zucker,
2/3 Rum (54%), 1/3 Rotwein

Suchen Sie sich aus dem vorhandenen Angebot an Erdbeeren, Sauerkirschen, Pfirsichen, Birnen und Pflaumen die besten heraus. Nun die Birnen schälen, die Kirschen und Pflaumen entsteinen und kleingeschnitten zusammen mit den Erdbeeren und Birnen in einer großen Schüssel einzuckern. Auf eine Lage Früchte eine Schicht Zucker geben. Nach etwa einer Stunde in den Rumtopf (möglichst ein altes Gefäß aus Steingut) geben und mit dem Rum und dem Rotwein so weit auffüllen, daß die Früchte gut bedeckt sind. Nun den Topf mit Pergament- oder Cellophanpapier abdichten und mindestens vier Wochen reifen lassen. Sie können jederzeit weitere Früchte dazugeben. Vergessen Sie jedoch nicht, nach jeder Füllung das Ganze mit einem Löffel oder einer Kelle durchzurühren, damit sich der am Boden befindliche Zucker löst und die Früchte gemischt werden.

Schweinebraten mit Kastanien

Wenn draußen die Blätter gefallen sind, Nebelschwaden über das Land ziehen und der erste Schnee sich in blaugrauen Wolken ankündigt, dann ist es auch für die Hausfrau an der Zeit, ihren Küchenzettel den kalten Tagen anzupassen. Eine geschätzte Hausmannskost für die Winterszeit ist seit jeher ein zünftiger Schweinebraten, der, herzhaft angemacht, mit dem für diese Monate typischen Gemüse serviert werden sollte.

800 g Schweinekeule, Salz, Pfeffer, Paprika edelsüß, Oregano, Basilikum, 1/8 l Wasser, 1 Zwiebel, 1 Karotte, 1 Eßlöffel Zucker, 500 g Eßkastanien

Schweinekeule mit Salz, Pfeffer, Oregano, Paprika edelsüß und Basilikum einreiben und würzen. Mit der Schwarte nach unten in den mit 1/8 l Wasser gefüllten Brattopf legen. Fünf Minuten kochen, dann herausnehmen und die Schwarte so einritzen, daß das Fleisch nicht beschädigt wird. Fleisch unter häufigem Begießen etwa 75 Minuten in der Bratröhre garen. Nach halber Garzeit die gewürfelte Zwiebel und die Karotte zugeben.

Kastanien einritzen, in Salzwasser aufkochen, dann schälen. Zucker in einer trockenen Pfanne unter ständigem Rühren so lange erhitzen, bis er braun geworden ist. Kastanien, Salz und Wasser zugeben, 10 Minuten dünsten.

Dazu serviert man in Zwiebeln und Apfelscheiben gedünstetes Rotkraut.

Thorner Kathrinchen

Fast jede Landschaft und größere Stadt hat ihre eigenen Spezialitäten, denn die mittelalterlichen Zünfte der Köche und Bäcker waren stolz darauf, die Eigenart ihrer Region oder Stadt auf diese Weise gebührend herauszustellen. Leider sind viele dieser Rezepte im Laufe der Zeit verlorengegangen. Andere haben sich jedoch glücklicherweise über Jahrhunderte erhalten, wie dieses aus der Stadt des alten Deutschen Ordens am rechten Weichselufer.

250 g Honig, 100 g Zucker, 100 g Butter,
2 Eier, 1 Teelöffel Zimt,
je 1 Messerspitze Nelkenpulver, Ingwer
und Kardamom, 3 Tropfen Bittermandelöl,
500 g Mehl,
je 1 gestrichener Teelöffel Hirschhornsalz
und Pottasche

Honig mit Butter und Zucker zum Siedepunkt bringen, vom Feuer nehmen und abkühlen lassen. Die Eier mit den Gewürzen schaumig schlagen und mit der Honigmasse vermischen. Nun das Mehl mit den zuvor in wenig Wasser gelösten Treibmitteln portionsweise hinzugeben und alles gut miteinander vermengen. Das Ganze gut 12 Stunden zugedeckt warm stehen lassen. Danach den Teig etwa 1–2 cm dick ausrollen, mit einer Kathrinchenform ausstechen und auf ein bemehltes und gefettetes Blech mit genügendem Abstand legen. Bei 180°C ca. 20 Minuten backen, bis sie hellbraun sind.

Ulmer Brot

Kunstliebhaber werden sicherlich das Ulmer Münster kennen – Tabakliebhaber schätzen eine Ulmer Pfeife. Trotz der Vorliebe für so gegensätzliche Dinge verbindet sie bestimmt eines, wenn sie davon probiert haben: das Ulmer Brot.

3 Eier, 500 g Zucker, 1/8 l Milch,
1 Eßlöffel Rum, 1 Messerspitze Zimt,
1 Messerspitze gemahlene Nelken,
je 1 Teelöffel Kakao und Kaffee,
800 g Mehl, 1 Päckchen Backpulver,
1 Messerspitze Hirschhornsalz,
je 20 g Zitronat und Orangeat
Zur Glasur: 200 g Puderzucker,
2—3 Eßlöffel Wasser

Die Eier mit dem Zucker schaumig rühren, Gewürze, Kakao und Kaffee sowie den Rum und einen kleinen Teil der Milch hinzugeben. Das mit dem Mehl vermischte Backpulver und das in der restlichen Milch aufgelöste Hirschhornsalz einarbeiten. Erst jetzt das gehackte Zitronat und Orangeat unterziehen. Den Teig nun auf ein gut gefettetes Blech streichen und bei 180°C etwa 30 Minuten backen. Nach dem Abkühlen in Schnittchen schneiden, den Puderzucker mit 2—3 Eßlöffel Wasser verrühren und das Brot glasieren.

208
aus eine dicke Wurst, schneide Scheiben daraus,
auf ein mit Butter bestrichenes Blech und backe sie im
schön gelb.
736. Biscuit-Späne.
Sechs Eier schwer Zucker wird mit 10
Geschmack von Citron oder Orangen zu Schaum
dann das Weiße der Eier, welches man vorher zu
steifen Schnee geschlagen hat, nebst 3 Eier
dazu gegeben. Hierauf bestreiche man ein
Wachs, streiche die Masse 2 Messerrücken dick
backe sie in einem gelinden Ofen. Dann schneide man
daraus und lege sie über ein rundes Holz und sie sind
737. Ulmer Brod.
Man nehme 1 Pfund fein gestoßenen Zucker, 1
feines Weizenmehl, 12 ganze Eier, 4 Loth geschälte,
geschnittene Mandeln, 1 Quentchen gestoßenen
1 Loth grob geschnittenen Citronat, das Eierweiß
man zu Schnee, das Eiergelb, der Zucker
die Mandeln darunter gemischt und die Masse zuletzt
dem Mehl durchgeknetet. Ist dieß geschehen, so wird
Masse in schmale länglichte, vorher mit Butter
Formen gefüllt und bei schneller Hitze gebacken.
738. Kartoffelbrod.
Man vermische mit 7 Pfund gutem Mehl
sottene und geschälte Kartoffeln, welche
einem Löffel voll Salz in einer
hat. Man nehme alsdann zu dieser
voll Hefe und einen Schoppen
das Ganze zu einem glatten
lang liegen und backe ihn
ziemlich heißen Ofen.

Vanillekipferl

Kipferl, ein bayerisch-österreichischer mundartlicher Ausdruck für Hörnchen, eignen sich für ein Kaffeestündchen an einem Adventsnachmittag ausgezeichnet. Sie sind zart, leicht und schnell gemacht.

300 g Mehl, 125 g Zucker,
1 Päckchen Vanillezucker, 3 Eigelb,
125 g geriebene Mandeln, 250 g Butter
Zum Einwickeln:
mit Vanille gewürzter Puderzucker

Das Mehl auf das Backbrett geben. In der Mitte eine Vertiefung machen, Zucker, Vanillezucker und Eigelb hineingeben und das Ganze zu einem dicken Brei verarbeiten. Nun die Mandeln und die in kleine Stückchen geschnittene Butter dazugeben. Dieser glatte Knetteig sollte etwa 30 Minuten an einem kalten Ort ruhen. Danach eine Rolle formen, gleichmäßige Scheiben abschneiden und diese zu Hörnchen oder – ganz wie Sie wollen – zu Brezeln formen. Im vorgeheizten Rohr wird auf einem leicht gefetteten Blech bei 180°C ca. 12–15 Minuten gebacken. Man löst die Kipferl noch möglichst heiß vom Blech und wickelt sie in Vanillezucker ein.

Wespennester

Wespennester können uns gefährlich werden, wenn wir ihnen zu nahe treten. Hier jedoch brauchen Sie keine Angst zu haben, daß Ihnen etwas geschieht, eher sollten Sie sich freuen, mit einem amerikanischen Weihnachtskonfekt (Wasp's Nest) Bekanntschaft zu machen.

250 g geschälte Mandeln, 50 g Zucker,
4 Eiweiß, 250 g Zucker,
125 g geriebene Halbbitterschokolade,
1 Päckchen Vanillezucker,
je 1 Messerspitze Zimt und gemahlene Nelken
Kleine runde Backoblaten

Die Mandeln sind in Stücke zu schneiden und mit 50 g Zucker in einer Pfanne goldgelb zu rösten – dann abkühlen lassen. Nun das Eiweiß zu steifem Schnee schlagen und nach und nach Zucker, Schokolade, Vanillezucker und Gewürze hinzugeben. Dabei ständig mit dem Schneebesen weiterschlagen. Zuletzt die gerösteten Mandeln löffelweise untermischen.

Auf ein mit Pergamentpapier oder Alufolie bedecktes Blech werden nun die runden Oblaten gesetzt und mit je 2 Teelöffeln Mandelhäufchen gefüllt. Je Blech benötigt man etwa 30 Minuten Backzeit bei 150° C.

Wurst im Netz

Wenn es um die Wurst geht, sollte man vorsichtig sein, denn es ist nicht jedermanns Sache, sich quasi als Amateur-Metzger zu versuchen. Doch mit dem folgenden Rezept dürfte eigentlich nichts schiefgehen: Wenn Sie sich genau an die Anleitung halten, werden Sie für sich, Ihre Familie und Ihre Freunde einen pikanten Genuß zaubern.

1 Schweinenetz, 500 g Rindfleisch, 2 Eier,
2 Brötchen, 250 g Schweinenieren,
1 große Zwiebel, je 1 Prise Salz und Pfeffer,
1 Knoblauchzehe,
je 1 Messerspitze Thymian und Majoran,
50 g Butter

Ein Schweinenetz bekommen Sie bei Ihrem Metzger fertig gereinigt.
Das Rindfleisch mit der Zwiebel, der Knoblauchzehe und den gut geweichten Brötchen durch den Fleischwolf drehen. Anschließend gut salzen und pfeffern, die Eier sowie Thymian und Majoran hinzufügen. Die Schweinenieren in kleine Stücke schneiden und ebenfalls untermengen. Das Ganze nun gut durchkneten, in das Schweinenetz füllen und dieses nach der Form einer Wurst drehen. Die Wurst mit einem Bindfaden im Abstand von etwa 3 cm umwickeln, jedoch nicht einschnüren.
Die Butter erhitzen und die Wurst bei kleiner Flamme ca. 30–45 Minuten braten, anschließend den Bindfaden entfernen. Man kann sie entweder heiß servieren, im eigenen Saft mit Kartoffelpürree und Gemüse oder kalt zu einem deftigen Salat mit Brot.

Zitronenwaffeln

Waffeln sind für den Feinschmecker zu hohen Festtagen ein alter Brauch – man kann ihn bis ins 12. Jahrhundert zurückverfolgen. Besonders berühmt waren die holländischen Waffelbäcker, die diese süßen Leckereien aus den Waffeleisen vor Kirchen und Märkten zum Verkauf anboten. Genauso alt, wenn auch nicht so berühmt, sind die deutschen Waffeln, hier insbesondere die bekannten westfälischen „Iserkauken" – Eierkuchen in Waffeln gebacken.

Teilweise hat sich bis heute der alte Brauch gehalten, Waffeln in Eisen auf offenem Feuer selbst zu backen – für weiche Teige verwendet man das Herzwaffeleisen, für mürbe Teige das Zimtwaffeleisen, auch Portugieseneisen genannt. Bequemer und schneller geht es natürlich mit einem elektrischen Waffeleisen, das überall erhältlich ist.

15 g Hefe, 40 g Zucker, 100 g Butter, 250 g Mehl, 1/8 l saure Sahne, 1/8 l Milch, 2 Eier, geriebene Schale einer halben Zitrone, Puderzucker, 1 Prise Salz

Zur schaumig gerührten Butter gibt man den Zucker, die Eier, Salz, Zitronenschale, das Mehl und die saure Sahne. Die in lauwarmer Milch aufgelöste Hefe wird erst jetzt in den Teig eingerührt. Diesen nun so lange mit dem Rührlöffel schlagen, bis er Blasen wirft und sich von der Schüsselwand löst. Das Ganze noch ca. 30 Minuten gehen lassen und dann portionsweise im gefetteten Waffeleisen hellgelb ausbacken. Zum Schluß mit Puderzucker bestreuen.

Weihnachten

Einleitung
Aachener Printen · Apfel-Pie
Baumkuchen · Brennende Aprikosen
Dänischer Schweinebraten · Dresdner Stollen
Fasan auf Elsässer Art · Gefüllte Datteln
Gespickte Kalbsleber · Hummer mit Pfirsich
Ingwerplätzchen · Klare Ochsenschwanzsuppe
Melonen-Obst-Salat
Nürnberger Lebkuchen · Pfeffernüsse
Plum-Cake · Rehrücken natur · Rumtorte
Spekulatius · Truthahn mit Kastanienfüllung
Tournedos mit Fenchel
Überbackene Champignons
Vanilleeis mit Schattenmorellen
Weihnachtsgans · Wildente Jagdherren Art

Weihnachten ist unser größtes und beliebtestes Fest, das in jedem von uns Erinnerungen und Gefühle ganz besonderer Art auslöst. Weihnachten ist auch das Fest der Familie, der Geschenke und alter, überlieferter, oft dunkler Gebräuche und Sitten. Vor allem soll Weihnachten uns aber daran erinnern, daß Christus geboren ist.

Traditionsgemäß wird an so hohen Freudentagen fürstlich gespeist und werden Gerichte zubereitet, die sonst das ganze Jahr nicht auf dem Küchenzettel zu finden sind. Es muß dabei nicht immer so üppig zugehen, wie das der französische Dichter Alphonse Daudet in seiner lustigen Weihnachtsgeschichte „Die drei stillen Messen" schildert: „O Wonnen! Da wartet sie bereits, in Duft und Glanz, die unermeßlich lange Tafel, bis zum Biegen geladen... Fasanen, braunrote, mit ihren knusprig gespreizten Flügeln... Flaschen, voll rubinrot funkelndem Wein... Pyramiden von Früchten, die hervorschwellen zwischen ihren grünen Blätterzweigen... und all die wundervollen Fische – da liegen sie, herrlich lecker ausgebreitet auf ihrem Bett von Fenchelblättern, mit schimmernden Schuppen, frisch wie aus dem Wasser gezogen, und aus ihren weit offenen Nasenlöchern winken Sträußchen duftender Würzkräuter."

Aber nicht nur früher verstand man es, ein Menü zu komponieren und das Drumherum einladend zu gestalten, auch heute wird gut gegessen. In vielen Gegenden gilt der Karpfen als geheiligter Weihnachtsfisch. Über die Zubereitungsart ist man sich – wie fast immer – nicht einig. Der eine meint, man dürfe ihn nur blau gesotten genießen, der andere schwört auf Bierkarpfen oder Karpfen in Gelee. Was immer Sie aber in diesen Tagen in Ihrer Küche zaubern, etwas Süßes darf nicht fehlen, denn schon lange vor Christi Geburt sollen die alten Germanen um die Weihnachtszeit allerlei Süßes gebacken haben. Dadurch hofften sie, böse Kräfte abwehren oder besänftigen zu können.

Damals wurden in unserer heutigen Adventszeit die sogenannten Mittwinterfeste gefeiert. Dies war aber auch die Zeit der Seelenkulte und der Totenwanderung. Man glaubte, daß der Gott Wotan auf einem Schimmel durch die Gegend reite, zusammen mit einem Heer wilder Gesellen. Tür und Tor wurden verschlossen und Speisen als Opfergaben davorgestellt.

Auch Wotans Gemahlin, Frau Holle, im Süden Perchta oder Berchta genannt, zog in diesen Tagen über das Land und überprüfte die Frauen auf Fleiß und Ordnung. Noch heute wird ihr Treiben im weihnachtlichen Perchtenlaufen in Süddeutschland dargestellt. Dann ziehen die jungen Burschen, verkleidet mit dämonischen Masken und Schaffellen, mit Schellen und Rasseln lärmend, durch die Straßen. Der Höhepunkt dieser Feiern war zweifellos das Julfest, das zugleich den Beginn eines neuen Jahres signalisierte.

Diesen Tag beging man als Opferfest – den Göttern und Helden der Vorzeit wurde kräftig zugetrunken und Gelübde auf künftige Taten abgelegt. Auch sollte während der Julzeit Friede und Eintracht unter den Menschen herrschen. Schließlich war dies ein besonderer Tag, weil er die Wiedergeburt der Sonne symbolisierte. Äußeres Zeichen der Sonnenwende war der Julbock oder auch Julblock genannt – ein Wurzelstock oder ein anständiger Holzklotz, den man in Brand setzte und mit dem dann feierlich das Herdfeuer angezündet wurde. Seine Asche streute man zur Förderung der Fruchtbarkeit auf die Felder.

Zum Julfest wurde gebacken und geschlachtet. Es war der größte Festschmaus des Jahres. In Skandinavien legten sich die Bauern samt Mägden und Knechten ins Stroh, denn die Betten durften nicht benutzt werden – in ihnen sollten die Toten übernachten.

Die Kirche hat über dreihundert Jahre hinweg kein Weihnachtsfest gefeiert. Der Geburt Christi gedachte man ursprünglich am 6. Januar, beim Epiphaniasfest. Epiphania heißt Erscheinung, also Erscheinung des Herrn – es war gleichzeitig der Jahresanfang. Die Festsetzung des Christ-

Der russische Mönch, der in dieser Ikone das weihnachtliche Geschehen festgehalten hat, ahnte sicher nichts von germanischem Sagenglauben. Doch meint man in der bewegten Darstellung etwas vom Heimlich-Unheimlichen der zwölf wilden Nächte wiederzufinden.

festes auf den 24. und 25. Dezember erfolgte erst im Jahr 381 während des Konzils von Konstantinopel.

Im alten Rom galt der 25. Dezember als Geburtstag des Sonnengottes, den die Ägypter, Syrer, Griechen und Römer gleichermaßen verehrten – nur unter anderen Namen: Rom feierte Gott Saturn als den Hüter von Saat und Reichtum, die Perser verehrten den Sonnengott Mithras, die Syrer Adonis, und bei den Ägyptern schließlich glaubte man an eine Geburt der Sonnengötter Osiris und Horus zur Zeit des neu beginnenden Sonnenlaufs.

Im Zuge der weiteren Christianisierung über das Gebiet Mitteleuropas hinaus gewinnt auch das Fest der Geburt Christi weiter an Bedeutung. Doch erst nachdem der nordische König Hakon das heidnische Mittwinterfest und die Weihnachtsfeier zusammenlegt, kann man von einem Weihnachtsfest in der heute üblichen Form sprechen. Dennoch galt Weihnachten bis weit in das Mittelalter hinein auch als Neujahrsfest – sogar Martin Luther hat noch an diesem Brauch festgehalten.

Noch bis in die Mitte des 14. Jahrhunderts waren die Riten und Feste, die sich auf eine heidnische Tradition berufen konnten, stärker verwurzelt als das Christentum. So war Weihnachten vor allem die Zeit des Dienstbotenwechsels, und es war Lohntag. Man zog in den Dörfern und kleinen Städten herum, gratulierte zum Fest und beschenkte sich mit Naturalien. Auch der anschließende Festschmaus, wie schon beim Julfest üblich, war nicht wegzudenken. In Norddeutschland nannte man den Weihnachtsabend wegen der reichlichen Mahlzeiten sogar „Vullbuks Abend", also Vollbauch-Abend. Man aß und trank eben so viel wie man wollte, spielte mit Würfeln, war beim Tanz ausgelassen und genoß das Leben in vollen Zügen.

Die Häuser wurden festlich geschmückt, in Stuben und Kirchen Stroh gestreut und die Wände der Scheunen und Stuben zu Ehren des großen Tages mit Vorhängen und Tüchern

Wie die Hirten in Bethlehem vor fast zweitausend Jahren bewundern unsere Kleinen das Christuskind in der Krippe mit glänzenden Augen.

verhüllt. Auch das Schenken in seiner heutigen Form kennt man in dieser Zeit schon. Geldbesitz und Schmuck wurden auf den Tischen aufgebaut – man glaubte, dann werde es sich vermehren. Unter die Speisen wurden zum gleichen Zweck kleinere und größere Geldstücke gelegt. Die Haustiere erhielten mehr Futter als gewöhnlich – auch sie sollten am höchsten Festtag des Jahres teilhaben.

Doch auch die Armen vergaß man nicht. Sie wurden zu Tisch eingeladen und sehr freigiebig behandelt. Dies galt auch für die Geschenke, denn der Volksaberglauben besagte, daß, wer nichts verschenkt, im neuen Jahr kein Glück habe. Wer ein Geschenk abschlüge oder nur gezwungen schenke, dem sollte es ähnlich widerfahren.

Schon damals galt der Weihnachtsstollen als das Festgebäck par excellance. Bereits um 1500 ist das Backen von Lebkuchen, besonders in den Klöstern, weit verbreitet. Eine erhalten gebliebene Weihnachtspredigt aus dem Jahr 1571 spricht von „Christstollen, Zucker, Pfefferkuchen und mancherlei Confect aus diesen allen", und ein heute schon verschütteter Brauch verlangte zudem, daß man Äpfel aufschnitt und je nachdem, was man aus der Anzahl und dem Zustand der Kerne, der Größe und Form des Kerngehäuses herauslas, Glück oder Unglück für das kommende Jahr weissagen konnte.

Heute sehen wir überall zur Weihnachtszeit Darstellungen des Christkindes – aus Stoff, Wachs, Holz oder sogar Stein. Diese Christkindverehrung geht ebenfalls aufs Mittelalter zurück. Die ältesten uns bekannten Darstellungen stammen aus dem 13. Jahrhundert. Zweihundert Jahre später wurde diese Art der Christusverehrung dann immer populärer. Schon damals stellte man die Christkindpuppen in Serien her, kleidete sie in prächtige, kostbare Stoffe, gab ihnen eine Krone aufs Haupt und oftmals eine Weltenkugel in die Hand.

In engem Zusammenhang damit stehen die auch heute noch so beliebten Krippenspiele.

Beim Betrachten dieser figurenreichen alten Krippe aus Neapel meint man selbst mitten in den temperamentvollen südländischen Festvorbereitungen zu stecken.

Zwar sind bildliche Darstellungen des Geschehens zu Bethlehem schon aus den ersten Jahrhunderten danach bekannt, doch der Brauch, Krippen in der uns bekannten Form aufzustellen, wird erst seit dem Mittelalter gepflegt. Bereits im 10. und 11. Jahrhundert werden im englischen und deutschen Sprachraum Weihnachtsspiele gefunden, die die Weissagung und die Verkündigung, die Anbetung der Hirten, den Kindermord von Bethlehem und die Flucht nach Ägypten zum Thema haben.

Das früheste Krippenspiel dieser Art ist das Sankt Galler Spiel von der Kindheit Jesu, dessen Texthandschrift in der dortigen Stiftsbibliothek aufbewahrt wird – es ist um 1275 entstanden. Später sind immer mehr Elemente an die Krippe gewachsen – man schnitzte bis zu 365 Figuren, für jeden Tag des Jahres ein Symbol. Als sich auf diese Weise die Krippenfeier zu einem kirchlichen Schauspiel auszuweiten drohte, schnitt die Kirche diese Entwicklung kurzerhand ab. Die Krippenspiele wanderten in die Privathäuser und erhielten hier den Status eines Puppenbühnenwerks, das zum Weihnachtsabend aufgestellt wurde.

Die große Zeit des Krippenbaus war das Barock, das 18. Jahrhundert mit seiner großen Leidenschaft für Schaustellung und Prunk. Prächtige und erfindungsreiche Kompositionen wurden gebaut, und ein überaus reges Gewerbe blühte auf, denn es wurden ja nicht nur Figurenschnitzer oder Wachsformer gebraucht, vielmehr gesellten sich zu ihnen Maler, Schneider und Perückenmacher, Zinngießer und Silberschmiede.

In der Regel hielten sich diese Krippenbauer so eng wie möglich an die Natur. Es sind Krippenfiguren bekannt, die so realistisch ausgearbeitet sind, daß man an Gebilde aus einem Wachsfigurenkabinett erinnert wird; die Krippen waren eben Spiegel des Volkslebens. Noch heute werden in Oberammergau die Figuren von Hand geschnitzt, und in ihren Gesichtszügen findet man so manchen Oberammergauer Bürger verewigt.

Das beliebteste Symbol des Weihnachtsfestes ist der Weihnachtsbaum geblieben. Wenn er heute allerorten im Schein der Kerzen seinen vollen Zauber entfaltet, so sind wir immer wieder beglückt über diesen schönen Anblick. Doch gibt es ihn in dieser Form noch gar nicht allzu lange, im Mittelalter war er noch völlig unbekannt. Wohl wurden damals in Fortsetzung der alten Fruchtbarkeitsriten Häuser, Ställe und Scheunen mit grünen Zweigen geschmückt, doch geschah dies wohl mehr, um böse Geister und die Unholde der Mittwinterzeit fernzuhalten. Noch in der Mitte des 17. Jahrhunderts tadelt die Kirche heftig den heidnisch-römischen Brauch, „Dannreis" in die Stuben zu legen und die Zweige von Tanne, Buchsbaum, Eibe und Stechpalme an das Haus zu binden. Eine der ersten genaueren Nachrichten vom Christbaum in seiner heutigen Form stammt aus Riga. Dort versammelten sich 1514 die Mitglieder der Gilde unverheirateter Kaufleute, trugen am Weihnachtsabend nach festlichem Umtrunk zwei Tannenbäume, mit künstlichen Rosen geschmückt, auf den Marktplatz, umtanzten und verbrannten ihn schließlich.

Das Elsaß schließlich ist das Ursprungsland unseres Weihnachtsbaumes. Ein Unbekannter verzeichnete in seiner Reisechronik von 1605: „Auff Weihnachten richtt man Dannenbäume zu Straßburg in der Stubben auf, daran henckett man Rossen aus vielfarbigem Papier geschnitten, Äpfel, Oblaten, Zischgolt, Zucker…" Bis der Baum sich jedoch endgültig als Wahrzeichen des Heiligen Abends durchsetzt, vergehen noch einmal beinahe 200 Jahre. Eine der frühesten bildlichen Beschreibungen eines Nürnberger Christkindlbaums gibt der Simplizianische Wundergeschichts-Calender von 1795: „Der stand nun in einer Stube in der Ecke, und seine Zweige waren so ausgebreitet, daß sie fast die Hälfte der Decke der Stube bedeckten und man darunterstand wie unter einer Sommerlaube. An allen Ästchen und Zweigen hingen nun allerhand kostbare Conditorei und Zuckerwaren, als: Engel, Puppen, Tiere und dergleichen, alles von Zucker: welches mit den Blüten vom Baume gar artig harmonierte. Ferner hing auch vergoldetes Obst, von allen Sorten, in großer Menge daran… Endlich war der ganze Baum, mit allen seinen Zweigen und Früchten, mit einem goldenen Netz überzogen, das von vielen tausend vergoldeten, und an Schnüre gereihten Haselnüssen gar künstlich zubereitet war… Zwischen all diesen Kostbarkeiten leuchteten

eine unzählige Menge Wachslichtlein hervor, wie Sterne am Himmel, welches ein prächtiger Anblick war.“

Soweit die Chronik vor mehr als 180 Jahren. Wie gut könnten wir uns einen so prächtig geschmückten Baum auch heute noch vorstellen! Daß dies schon zu früheren Zeiten keine billige Angelegenheit war, ist überliefert. Nur wohlhabende Leute konnten sich einen oder gar mehrere Bäume leisten, in manchen Häusern war es sogar üblich, daß jeder seinen eigenen Baum hatte, aber nach der strengen Rangordnung: Der Familienvorstand den größten, das Küchenmädchen den kleinsten.

Erst um 1840 gelangte der Weihnachtsbaum nach Frankreich. Deutsche Auswanderer nahmen ihn mit in ihre neue Heimat USA – dort fand er erstmals unter Präsident Harrison im Jahre 1891 einen würdigen Platz vor dem Weißen Haus und auf anderen öffentlichen Plätzen. Seither ist er am Heiligen Abend nicht mehr wegzudenken und wurde zum Symbol für Hoffnung und Beständigkeit, für Trost und Kraft.

Und noch etwas typisch Deutsches begleitet das Weihnachtsfest in aller Welt: die Melodie des Liedes „Stille Nacht, heilige Nacht“. Es ist wohl das berühmteste Weihnachtslied überhaupt. Seine Entstehungsgeschichte klingt wie ein Märchen: Als am 24. Dezember 1818 der stille, bescheidene Dorfschullehrer und Organist Franz Xaver Gruber aus Oberndorf im Salzburger Land das selbstverfaßte Gedicht des Hilfspriesters Joseph Mohr vertonte, ahnte er den späteren Siegeszug dieser Melodie kaum voraus. Das Lied war ja nur eine Notlösung, weil die Orgel der kleinen Pfarrei just in jenen vorweihnachtlichen Tagen ihre Dienste verweigerte. Doch sowohl der Text als auch die zur Gitarre gesungene Melodie begeisterten die gesamte Gemeinde. Daß dieses Lied nun aber aus dem kleinen, verschlafenen Winkel in das Land hinausgetragen wurde, verdanken wir dem Orgelbaumeister Mauracher aus dem Zillertal. Als er einmal gemeinsam mit anderen Musikern Tiroler Lieder in Leipzig vorführte, gewann vor allem diese Melodie die Aufmerksamkeit des verwöhnten Publikums. Von dort aus trat es seinen wahrhaft atemberaubenden Siegeszug durch Deutschland und um die ganze Welt an.

Auch wenn dieses Lied so viele Menschen in aller Welt begeistert – die Feste der Völker haben ihre Eigenheiten behalten. Für uns ist Weihnachten nach wie vor ein großes Familienfest. Der kerzenbestückte Christbaum, das gegenseitige Beschenken und die Stunden der Besinnlichkeit dürfen nicht fehlen. Aber „unser“ Weihnachtsfest wird in manchen Ländern völlig anders begangen – in England zum Beispiel ist Weihnachten ein Fest des Frohsinns, man singt Lieder, und überall werden große Festessen gegeben. Den Besucher vom Festland mag es mitunter sonderbar anmuten, wenn er die fröhliche Ausgelassenheit eines solchen Festes einmal miterlebt hat. Da explodieren Knallkörper, und viele Menschen tragen drollige Papierhütchen. Es erinnert alles ein wenig an Karneval. Der Weihnachtsmann, hier „Santa Claus“ genannt, hat mit dem eigentlichen Nikolaus nicht mehr viel zu tun; er fährt vielmehr am 24. Dezember mit einem Rentierschlitten durch die Nacht und steigt durch den Kamin in die Häuser ein. Infolgedessen hängen die englischen Kinder ihre Strümpfe am Kamin auf, damit Santa Claus ohne viel Mühe die Geschenke hineinlegen kann. Die Bescherung findet dann natürlich erst am nächsten Morgen statt.

In Holland wird Weihnachten ohne großen Aufwand gefeiert – das eigentliche Familienfest ist dort Sinterklaas (Sankt Nikolaus), das man bereits am Vorabend des Nikolaustages feiert. Bereits dann werden die Geschenke verteilt. Es ist auch heute noch üblich, daß in jedes Gabenpäckchen ein selbstverfaßtes Gedicht gelegt wird – natürlich kein Kunstwerk, es muß nur zur Person passen und lustig sein.

Neben der Anbetung durch die Hirten zeigen die Künstler aller Jahrhunderte immer wieder aufs neue, wie die Heiligen Drei Könige oder die drei Weisen aus dem Morgenland dem Christkind mit ihren Gaben huldigen. Dieser Wachsabguß eines alten süddeutschen Holzmodels stellt das Ereignis auf rührend naive Weise dar.

In Frankreich besucht Père Noël jede Familie – auch er bringt die Geschenke durch den Kamin. Die Wohnungen werden mit Mistelzweigen geschmückt, denn Weihnachtsbäume sind hier nicht so beliebt – außer im Elsaß natürlich. Früher wurde, wie in den nordischen Ländern, ein Weihnachtsklotz ins Feuer gelegt, der noch brennen mußte, wenn die Familie aus der Christmesse kam. Doch an diese schöne Sitte erinnert heute nur noch süßes Backwerk, das der Form dieser Klötze nachempfunden wurde. Und da Frankreich berühmt ist für seine gute Küche, spielt auch am Weihnachtsabend das Essen eine große Rolle. Familien und Freunde treffen sich am 24. Dezember spät abends im Restaurant und feiern die halbe Nacht hindurch bei auserlesenen Speisen und Getränken. Selbst die kleineren Kinder dürfen mit am Tisch sitzen. Die Heiligen Drei Könige oder die Weisen aus dem Morgenland – Caspar, Melchior und Balthasar – dürfen in keiner Krippe als Überbringer von Weihrauch, Myrrhe und Gold fehlen. Um ihre Personen ranken sich viele Legenden – so werden sie als Weise mit Zauberkräften dargestellt, als Magier und Sterndeuter. Einer von ihnen erscheint seit dem 15. Jahrhundert sogar als Mohrenkönig, Caspar war der Schatzgräber, Melchior König des Lichts. Noch heute schreibt man in vielen Gegenden Süddeutschlands und Österreichs ihre Anfangsbuchstaben C–B–M mit geweihter Kreide über Haus- und Hoftüren und spricht dabei:

„Caspar, Melchior, Balthasar,
behütet uns auch für dieses Jahr
vor Feuer und vor Wassersg'fahr."

Weihnachten ist, wie wir wissen, auch immer das Fest der Versöhnung gewesen, sowohl in der heidnischen wie in der christlichen Mythologie. Ob Sie nun einmal im Jahr aus innerstem Bedürfnis etwas Gutes tun oder nach schönem altem Brauch ein Geschenk überreichen – immer steht dahinter der Gedanke, Freude und Genugtuung sich selbst und anderen zu bereiten.

Jedes Zeitalter und jede Landschaft hat ihre eigenen spezifischen Formen – laute und stille – für diese Zeit ausgeprägt. Aber alle möchten ihre großen und kleinen Wünsche erfüllt sehen – Wünsche, die man mit ein wenig Beobachtungsgabe an den langen Tagen vor dem Fest erfor-

In vielen deutschen Gegenden ziehen Sternsinger als Caspar, Melchior und Balthasar mit ihrem Gefolge durch die nächtlichen Straßen und heimsen süße Gaben als Lohn für ihren Gesang ein.

schen kann und die, je sorgfältiger, genauer und phantasievoller sie erfüllt werden, jedem von uns viel Freude bereiten werden.

Ein schönes Beispiel für eine Weihnachtsstimmung, wie wir sie heute kaum noch erleben können, sei deshalb aus dem Brief des Dichters Theodor Storm an seinen Kollegen Gottfried Keller angeführt: „Sonntag vor Weihnachtsabend, liebster Keller! Drunten im größten Zimmer ist schon die über zwölf Fuß hohe Tanne aufgestellt und biegt ihre Spitze unter die Decke; achtzehn Weihnachtspakete sind expediert, und gestern abend sind Netze geschnitten, Bonbons eingewickelt, ist vergoldet etc.... Dienstagabend wird der Baum geputzt und der Märchenzweig nicht vergessen; Rotkehlchen sitzen und fliegen in dem Tannengrün, und eines sitzt und singt bei seinem Nest. Erst gehen wir in die Kirche, hören, was unser Pastor zu sagen hat, hören die Kinder mehrstimmig singen und sehen die beiden hohen Tannen am Altar brennen. Das gehört dazu. Dann brennt der schönere Baum zu Hause... Und dann gibt es ein Glas nordischen Punsches. – So beschließt sich Weihnachtsabend, und ich werde Ihnen eins nach Zürich hinübertrinken..."

Aachener Printen

Printen stammen, wie so vieles köstliches Weihnachtsgebäck, aus dem Niederrheinraum. Der Begriff leitet sich vom holländischen „prenten" (drucken) ab: Ursprünglich wurden sie von den zu ihrer Herstellung verwendeten Ton- oder Kupfermodeln „gedruckt". Die Aachener Gewürzprinten sind bis auf den heutigen Tag die bekanntesten ihrer Art.

250 g Zuckerrübensirup, 200 g Zucker, 50 g Butter, 500 g Mehl, 10 g Zimt, 15 g Anis, 10 g Nelkenpulver, 50 g gehacktes Orangeat, 1 Messerspitze Kardamom, 1 Päckchen Backpulver; etwas Milch, Hagelzucker

Den Sirup mit Zucker und Fett erhitzen, bis der Zucker zerlaufen ist, und dann bis zur Handwärme abkühlen lassen. Nun das Gewürz mit dem Orangeat hineinrühren und das mit dem Backpulver vermischte Mehl unterarbeiten. Den Teig über Nacht kühl ruhen lassen, dann etwa 5 mm dick ausrollen und in 3 x 8 cm große Rechtecke schneiden, die auf ein gefettetes, mit Mehl bestreutes Blech gelegt werden. Mit Milch bestreichen und mit Hagelzucker bestreuen und im vorgeheizten Backofen ca. 15 Minuten bei 180°C backen.

Apfel-Pie

Auf geradezu ideale Weise läßt sich ein spätes Mittagessen mit dem Kaffeetrinken vereinbaren, wenn man den echt englischen Apfel-Pie serviert. Wie sehr vieles Gebäck wird dieser Apfelkuchen ganz im Gegensatz zu hiesigen Usancen heiß serviert und gegessen. Auch wenn Sie eine gewisse Scheu vor der englischen Küche haben sollten – hier dürfen Sie einmal richtig schlemmen!

250 g Mehl, 150 g Butter, 1 Prise Salz,
5 Eßlöffel Eiswasser, 750 g Äpfel,
Saft und geriebene Schale einer Zitrone,
2 Eßlöffel Zucker, 1 Päckchen Vanillezucker,
je 1 Messerspitze Zimt und Ingwer,
2 Teelöffel Speisestärke
Zum Bestreichen: 100 g Puderzucker,
Aprikosenmarmelade

Das Mehl mit der Butter, Salz und dem Eiswasser gut verkneten und sofort ausrollen, so daß eine größere und eine kleinere Teigplatte für eine Obsttortenform ausgeschnitten werden können. Die Tortenform mit der größeren Teigplatte auslegen, die Äpfel schälen, entkernen und in kleine Spalten schneiden. Diese mit der Zitronenschale und dem -saft, Zucker und Vanillezucker sowie dem Gewürz und der Stärke gut vermengen und den Teig gleichmäßig belegen. Nun alles mit der kleineren Teigplatte abdecken und den Teig an den Rändern fest zusammendrücken.
Im Backofen bei 200°C ca. 40 Minuten backen und den noch heißen Apfel-Pie mit Aprikosenmarmelade sowie dem in heißem Wasser gelösten Puderzucker bestreichen. Möglichst schnell servieren!

Baumkuchen

Der klassische Baumkuchen ist rund und sieht wie ein Turm aus. In vielen Gegenden gilt er als das eigentliche Weihnachtsgebäck – dazu gehört natürlich auch die entsprechende Kuchenform, die seit alters her aus Hartholz hergestellt wird. Doch nicht jeder verfügt über Großmutters Küchengeräte. Fast ebenso gut ist eine herkömmliche Kastenform.

250 g Butter, 250 g Zucker, 6 Eier,
abgeriebene Schale einer Zitrone,
1 Eßlöffel Rum,
je 125 g Mehl und Speisestärke,
50 g geriebene Mandeln
Zur Glasur:
100 g geriebene Halbbitterschokolade,
150 g Puderzucker, 4 Eßlöffel Milch,
15 g Kokosfett

Zunächst das Fett sahnig rühren und nach und nach unter weiterem Rühren Zucker, Eigelb, Zitronenschale, Rum und Mandeln hinzufügen. Die mit dem Mehl gemischte Speisestärke portionsweise mit dieser Creme verarbeiten. Das Eiweiß steifschlagen und langsam unterziehen.

Nun fetten Sie eine Kastenform, verstreichen eine dünne Teigschicht von ca. 1/2 cm gleichmäßig auf dem Boden und backen diese Schicht ca. 3 bis 4 Minuten bei 180° C. Dann die Form aus dem Ofen nehmen, die nächste Teigschicht aufstreichen und wieder backen. Diesen Vorgang wiederholen, bis der Teig verbraucht ist (ca. 15–17 Schichten).

Den Kuchen zum Schluß ein wenig abkühlen lassen und die Glasur vorbereiten: Die Schokolade im Wasserbad zergehen lassen und mit den anderen Zutaten heiß verarbeiten, dann glasieren.

Brennende Aprikosen

Durch Flambieren soll der Geschmack bereits gegarter Speisen vervollkommnet werden. Außerdem vermittelt das ganze Drumherum eine besonders gemütliche und feierliche Atmosphäre. Zum Flambieren benötigt man ein kleines Rechaud und eine Flambierpfanne aus Kupfer sowie einen Saucenlöffel.

500 g reife Aprikosen, 1 Eßlöffel Butter,
1 Teelöffel Zucker,
3 Eßlöffel Aprikosenmarmelade,
4 cl Cognac oder Weinbrand,
3/4 Glas Weißwein, 8 Kugeln Vanille-Eis

Aprikosen schälen, halbieren und entsteinen. Butter und Zucker in die Flambierpfanne geben und so lange auf dem Rechaud erwärmen, bis eine hellgelbe Färbung auftritt. Aprikosen und Aprikosenmarmelade dazugeben, 2 Minuten andünsten. Die Früchte nun mit angewärmtem Cognac begießen und flambieren. Sobald die Flamme erloschen ist, Weißwein angießen. Weitere 3 Minuten köcheln lassen.
Vanille-Eis in vier Portionen aufteilen und in kleine Schüsseln füllen. Die heißen Aprikosen darübergeben.

Dänischer Schweinebraten

Unser Nachbar im Norden ist nicht nur wegen seiner ausgezeichneten kalten Platten berühmt – ebenso gut, wenn auch auf originelle Art und Weise, bereitet man in Dänemark den auch in Deutschland so beliebten Schweinebraten zu. An Weihnachten ist dies eine Art Nationalgericht für die Dänen. Das folgende Rezept gilt für 6 Personen.

2 kg magerer Schweinebauch, 1 Prise Salz
Für die Beilagen: 4 Äpfel, 1/4 l Weißwein, Saft einer halben Zitrone, 1 Eßlöffel Zucker; 1 Paket (ca. 450 g) Backpflaumen ohne Stein, 4 cl Rum, Saft einer Zitrone, 1 Zimtstange, 1 Eßlöffel Zucker

Die Schwarte des Schweinebratens rautenförmig ca. 1 cm tief einschneiden. Den Boden einer größeren Bratpfanne mit Salzwasser bedecken und den Schweinebauch mit der Schwarte nach unten ca. 30 Minuten kochen lassen. Anschließend den Braten auf dem Rost des Backofens bei 220°C ca. 30 Minuten braten, das Fett mit einer untergeschobenen Pfanne auffangen. Nun die Hitze auf 170°C ermäßigen und weitere 90 Minuten braten. Zum Schluß die Hitze nochmals auf 225°C erhöhen und den Braten bei leicht geöffneter Backofentür schön knusprig rösten.

In dieser Zeit die gewaschenen Äpfel vierteln, Kerne entfernen und die Viertel in dünne Spalten schneiden, die nun bei geringer Hitze mit dem Weißwein, Zitronensaft und Zucker 5 Minuten gedünstet werden. Gleichzeitig die Pflaumen im Rum mit Zitronensaft, Zimtstange und Zucker 10 Minuten dünsten – das Obst anschließend abtropfen lassen. Der Braten wird auf einer flachen Schüssel angerichtet und mit den gedünsteten Äpfeln und Pflaumen garniert. Dazu Kartoffeln und Rotkohl reichen.

Dresdner Stollen

Der Stollen ist eigentlich ein christliches Ursymbol: Er soll die Wiege darstellen, in die das Christkind gelegt wurde. Die Wiege des heutigen Stollens stand allerdings nicht in Bethlehem, sondern in Sachsen. Natürlich gibt es ihn in den verschiedensten Variationen und unter anderen Namen auch in anderen Landschaften Deutschlands, etwa als Klöben in Norddeutschland oder als Strietzel in Schlesien, doch ist der Dresdner Stollen der berühmteste.

1 kg Mehl, 100 g Hefe, 1/2 l Milch,
200 g Zucker, 450 g Butter,
Schale einer Zitrone,
je 1/2 gestrichener Teelöffel Kardamom
und Muskatblüte, 10 g Salz, 500 g Rosinen,
je 100 g gehacktes Zitronat und Orangeat,
150 g gehackte Mandeln,
30 g gehackte bittere Mandeln, 100 g Butter,
125 g Puderzucker, 2 Päckchen Vanillezucker

Zunächst den Vorteig zubereiten: Etwas Mehl mit zerbröckelter Hefe, 2 Teelöffeln Zucker und etwas Milch verrühren, zugedeckt warmgestellt ca. 45 Minuten gehen lassen. Nun das restliche Mehl und die restliche Milch mit Zucker, warmer Butter, Zitronenschale, Gewürzen und Salz vermengen und kräftig verrühren. Abgebrühte und getrocknete Rosinen, Zitronat, Orangeat und Mandeln hineinkneten. Den Teig zu einem Ballen formen und wiederum ca. 45 Minuten gehen lassen. Danach nochmals kräftig durchkneten, zum Stollen formen und ein letztes Mal 30 Minuten gehen lassen. Auf einem gefetteten Backblech bei 200°C rund 80 Minuten backen. Noch heiß mit zerlassener Butter bepinseln und mit einer Mischung aus Puderzucker und Vanillezucker bestreuen.
Den Stollen mindestens zwei Wochen vor Genuß backen – er schmeckt abgelagert einfach besser.

Fasan auf Elsässer Art

Der Fasan ist ein farbenprächtiger Hühnervogel, der aus dem Kaukasus stammt und schon den Römern bekannt war. Er gilt unter dem Wildgeflügel als die Delikatesse und ist besonders nahrhaft, blutbildend, leicht verdaulich sowie wohlschmeckend.

Der ihm eigene zarte Geschmack bildet sich jedoch erst, wenn er mehrere Tage in den Federn an einem kühlen, trockenen Ort hängt. Das Alter erlegter Fasane kann man am Brustbein erkennen: Bei jungen Tieren ist es noch biegsam, bei alten kaum oder gar nicht. Zum Braten sollte man nur junge Tiere verwenden.

2 junge Fasane, Salz, 200 g Speck,
20 g Butter, Pfeffer, 2 feine Bratwürste,
1 Dose Sauerkraut

Den Fasan rupfen, abflammen, ausnehmen und waschen, gut abtrocknen. Kopf, Füße und Flügel entfernen, ebenfalls Kropf, Speiseröhre und Sehnen an den Beinen. Dann mit Salz einreiben und leicht pfeffern. Die Därme der Bratwürste aufschneiden und die Füllung in den Fasan geben. Den Speck in Scheiben schneiden und damit den Fasan umwickeln.

In die Bratpfanne zunächst etwas Wasser und Butter geben, den Fasan leicht anbraten und dann zusammen mit dem Sauerkraut zugedeckt im Ofen 40 Minuten schmoren. Den tranchierten Fasan (zuerst die Keulen abtrennen, dann mit einer Gabel kräftig ins Gerippe stoßen und von hinten nach vorn tranchieren, Flügel oberhalb der Gelenke durchschneiden) auf dem Sauerkraut anrichten und mit den Speckscheiben garnieren. Dazu Salzkartoffeln reichen.

Gefüllte Datteln

Schon Homer berichtet uns in der Odyssee von den köstlichen Datteln – doch nicht nur zum Verzehr schienen sie den alten Griechen geeignet, denn die Sieger der Kampfspiele wurden mit Dattelzweigen bekränzt, eine Sitte, die später die Römer übernahmen: Der Dattelzweig war Siegessymbol bei den öffentlichen Spielen. Auch heute sind Datteln als süße Köstlichkeiten weithin beliebt, vor allem, wenn man sie in einen Karamelmantel einhüllt.

250 g Datteln, 200 g Pistazien,
150 g Puderzucker, 2 Eßlöffel Wasser,
5 Tropfen Bittermandelaroma, 1 Eßlöffel Öl,
250 g feiner Zucker

Die Datteln sind vorsichtig der Länge nach aufzuschneiden und die Kerne zu entfernen. Man reibt die Pistazien möglichst fein und verknetet sie mit dem Puderzucker, Wasser und Bittermandelaroma. Nun formen Sie kleine Röllchen, etwas größer als der Dattelkern, und füllen die Masse in die Datteln, die so fest zusammengedrückt werden sollen, daß sie wieder die ursprüngliche Form erhalten.

Der Zucker wird im erhitzten Öl geschmolzen, bis er leicht karamelisiert – die Datteln werden mit einer Gabel vorsichtig darin gewälzt. Auf gefetteter Alufolie oder Pergamentpapier läßt man sie erkalten.

Sehr hübsch sieht es auch aus, wenn man die Datteln in die überall erhältlichen papierenen Konfekthüllen setzt.

Gespickte Kalbsleber

Leber läßt sich auf vielfältige Weise zubereiten, und beinahe jede Hausfrau hat ihren Geheimtip für ein Rezept. Über die folgende Zubereitungsart sollte es eigentlich keinen Streit der Meinungen geben, denn sie überzeugt durch Raffinesse.

500 g Kalbsleber, 100 g Räucherspeck,
1 Mohrrübe, 1 Lorbeerblatt, 1 Petersilienwurzel,
1/4 l Wasser, 1/4 l Weißwein, 50 g Butter,
1 Teelöffel edelsüßer Paprika,
je 1 Messerspitze Thymian und Petersilie,
1 Teelöffel Salz

Die gesäuberte Leber wird mit dem Räucherspeck gespickt und mit dem gespickten Teil nach oben in einen Topf gelegt. Nun die in Scheiben geschnittene Mohrrübe, Petersilienwurzel, Lorbeerblatt, Thymian und Petersilie hinzugeben. Das Ganze mit 1/4 l Wasser und dem Weißwein auffüllen und bei schwacher Hitze ca. 1 Stunde dünsten.

Die weiche Leber in eine Schüssel legen, mit zerlassener Butter bestreichen und in die heiße Backröhre stellen. Nun die vorher abgegossene Brühe durchseihen und den Teelöffel Paprika hinzufügen. Die Leber aus der Röhre nehmen, in halbfingerdicke Scheiben schneiden und salzen. Auf eine vorgewärmte Schüssel legen, mit der Sauce begießen und mit Salzkartoffeln servieren. Dazu paßt ein herber, leichter Rotwein.

Württemberg
-Felsengeist-
Schiller

Hummer mit Pfirsich

Der Hummer ist als einer der beliebtesten Speisekrebse immer mehr vom Aussterben bedroht – vielleicht sollte man sich gerade aus diesem Grunde den nicht alltäglichen Luxus leisten und ihn als delikate Vorspeise servieren. Er gehört auf alle Fälle zu jenen Früchten des Meeres, die einen pikanten Gaumenkitzel bereiten und, hübsch zubereitet und garniert, eine Freude fürs Auge sind.

2 Pfirsiche, 1 Dose Tiefseehummer,
1 Glas Cognac, 1 Prise Salz,
Saft einer halben Zitrone, 1 Beutel Mayonnaise,
Blätter von 1 Salatkopf

Frische Pfirsiche in feine Streifen schneiden und mit dem Hummerfleisch mischen. Das Ganze mit einer Prise Salz, Zitronensaft und einem guten Schuß Cognac würzen. Die Zutaten ca. 20 Minuten wirken lassen, dann mit der Mayonnaise binden und auf den Salatblättern anrichten. Dazu kann man Toast mit Butter servieren.

André

Ingwerplätzchen

Ingwer, eine der ältesten Kulturpflanzen überhaupt, gelangte von den Kulturen Chinas und Indiens über das antike Griechenland und Rom erst im 8. Jahrhundert nach Deutschland und Frankreich. Die Ingwerwurzel dient heute als Grundstoff für feine Parfüms und für die Getränkeherstellung (Ingwerlikör, Ingwerbier, Ingwerwein).

1 Ei, 3 Eigelb, 250 g Puderzucker, 250 g Mehl, 1 Eßlöffel gestoßener Ingwer

Puderzucker, Eigelb und Ei im Wasserbad zu einem dicken Brei verrühren, vom Feuer nehmen und unter ständigem Rühren erkalten lassen. Diese Creme unter den mit Mehl vermischten Ingwer rühren und alles möglichst schnell verarbeiten. Den Teig nun auf einer bemehlten Tischplatte ca. 1/2 cm dick ausrollen und, wenn möglich mit einer Ingwergebäckform, die Plätzchen ausstechen. Den Teig auf einem gefetteten Blech ca. 60 Minuten gehen lassen und dann bei 180°C ca. 15. Minuten hellgelb backen. Das noch heiße Gebäck vorsichtig vom Blech lösen und einige Tage aufbewahren, denn unmittelbar nach dem Backen sind die Ingwerplätzchen noch sehr hart.

Klare Ochsenschwanz-suppe

Es sollte eigentlich selbstverständlich sein, daß die Ochsenschwanzsuppe immer klar ist und nicht etwa überbacken oder gar mit anderem Fleisch als dem des Ochsen serviert wird. Wenn Sie das folgende Rezept ausprobieren, wissen Sie auch, warum man sich an diese strengen Grundregeln halten sollte – der unnachahmliche Geschmack ist der beste Beweis.

1 kg Ochsenschwanz, 1/2 l Weißwein,
1 kleine gelbe Rübe, 1 Zwiebel,
2 Lorbeerblätter, 1 Knoblauchzehe,
5–7 Pfefferkörner, 2 Glas Madeira,
1 Messerspitze Cayennepfeffer

Den Schwanz in 3/4 l Wasser und 1/2 l Weißwein mit der leicht angebräunten Zwiebel, der gelben Rübe, den zwei Lorbeerblättern, den Pfefferkörnern und der Knoblauchzehe gut 2 Stunden kochen, dabei stets den Sud abschöpfen; etwaige Fettreste vom Ochsenschwanz sind unbedingt vor dem Kochen abzuschneiden – nach dem Kochen sollte sich das Fleisch leicht vom Knochen lösen lassen.

Die Suppe nun durch ein Sieb gießen und das Fett abschöpfen. Mit 2 Gläsern Madeira und einer guten Messerspitze Cayennepfeffer sowie einer Prise Salz würzen.

Melonen-Obst-Salat

Die Melone stammt ursprünglich aus den mittelafrikanischen Steppen. In ihrer veredelten Form ist sie jedoch heute über weite Gebiete Südeuropas verbreitet. Während die Melone im nördlichen Afrika vor allem als wasserhaltige Frucht Bedeutung hat und ihre gerösteten Samenkerne den Eingeborenen als Nahrungsmittel dienen, schätzen wir in Europa das saftige Fruchtfleisch, das weiß, gelb oder rot sein kann.

1 Honigmelone, 1 Apfel, 1 Banane, 1 Apfelsine,
100 g Weintrauben, 4 Eßlöffel Öl, 1 Zitrone,
2 cl Cognac oder Weinbrand, Salz,
weißer Pfeffer,
1 Messerspitze gemahlener Salbei

Melone abspülen und abtrocknen. Mit einem großen Messer vierteilen, Kerne mit dem Löffel entfernen. Fruchtfleisch ablösen und in kleine Würfel schneiden. Apfel entkernen und würfeln, die Banane in Scheiben schneiden, die Apfelsine schälen und in kleine Stücke zerteilen. Alles mit den Weintrauben in eine große Schüssel geben. Öl, den Saft einer Zitrone und den Weinbrand bzw. Cognac durchschlagen, mit Pfeffer, Salz und Salbei abschmecken. Die Marinade über den Salat geben. Das Ganze gut mischen und im Kühlschrank durchziehen lassen.

Nürnberger Lebkuchen

Lebkuchen gehören zu den ältesten, bekanntesten und beliebtesten Weihnachtsbäckereien. Vor 400 Jahren, als noch vornehmlich Honig zum Süßen verwendet wurde, gehörten sie zu den ausgesprochen raren und teuren Backwaren, denn die teuren Gewürze mußten mühsam von weither herangeschafft werden. Die bekanntesten Lebkuchenrezepte fand und findet man in Nürnberg, das für seinen Honig und seinen Weihnachtsmarkt weit über die Grenzen Deutschlands hinaus bekannt ist.

150 g Honig, 50 g Zucker, 2 Eßlöffel Wasser,
50 g Butter, 1 Eigelb,
abgeriebene Schale einer halben Zitrone,
1 Eßlöffel Kakao, 1 Teelöffel Zimt,
1 Messerspitze Nelkenpulver und Kardamom,
250 g Mehl, 2 Teelöffel Backpulver,
150 g gemahlene Mandeln oder Haselnüsse,
je 50 g in Würfel geschnittenes Zitronat
und gehackte Korinthen
Zum Guß: 125 g gesiebten Puderzucker,
1 Eiweiß

Honig, Butter, Zucker und Wasser werden bei mittlerer Flamme langsam auf dem Herd zerlassen, dann in eine Schüssel gegeben und kaltgestellt. Noch lauwarm Eigelb, Zitronenschale, Kakao, Gewürze und zwei Drittel des mit Backpulver vermischten Mehls hinzugeben. Nun erst die Mandeln oder Nüsse, Korinthen und Zitronat einrühren sowie das restliche Mehl.

Auf dem bemehlten Blech wird ein glatter Teig geknetet, etwa fingerdick ausgerollt und runde oder eckige Formen ausgestochen. Bei 180°C auf einem gut gefetteten Backblech im vorgeheizten Ofen ca. 20 Minuten backen. Anschließend den Puderzucker mit dem Eiweiß und einigen Tropfen Wasser verrühren und die Lebkuchen dünn bestreichen.

Pfeffernüsse

Aus der Blütezeit des mittelfränkischen Nürnberg stammt wahrscheinlich auch dieses Rezept. Im 15. und 16. Jahrhundert malte hier nicht nur Albrecht Dürer, in Nürnberg wurde auch die Taschenuhr erfunden, und man befaßte sich mit süßen Schleckereien, deren Rezepte bis auf den heutigen Tag kaum verändert worden sind. Ein Tip im voraus: Pfeffernüsse werden nach dem Backen steinhart und sollten vor dem Genuß ca. 14 Tage in einer verschlossenen Blechdose aufbewahrt werden. Sie halten sich dann sehr lange.

500 g Mehl, 2 Teelöffel Backpulver,
300 g Zucker, 2 Eier, 6 Eßlöffel Milch,
je 1 Messerspitze Ingwer, Nelken, Muskat,
weißer Pfeffer, 1 Teelöffel Zimt,
abgeriebene Schale je einer halben Zitrone
und Orange, 75 g gehacktes Zitronat,
50 g geriebene Mandeln
Zum Überzug: 200 g gesiebter Puderzucker

Die Eier mit dem Zucker schaumig schlagen, nach und nach das mit dem Backpulver vermischte Mehl sowie die Milch hinzugeben, dann erst die Gewürze sowie die Zitronen- und Orangenschale hineinarbeiten; zum Schluß das Zitronat und die Mandeln in den Teig kneten. Den Teig 1 Stunde ruhen lassen, dann ca. 1 cm dick ausrollen und in kleine Scheiben von ca. 3 cm Durchmesser ausstechen. Noch hübscher ist es, wenn man kirschengroße Kugeln rollt und sie in spezielle Pfeffernuß-Holzmodel drückt, die man in Fachgeschäften kaufen kann.
Die Pfeffernüsse sollten über Nacht trocknen und anschließend bei 200°C ca. 10—15 Minuten auf einem gut gefetteten Blech gebacken werden. Nach dem Erkalten den Puderzucker mit 2—3 Eßlöffeln heißem Wasser dickflüssig rühren und die Pfeffernüsse damit bestreichen.

Plum-Cake

„Wie herrlich er dampft! Wie herrlich er duftet! Wie prächtig er ausschaut! Rund wie ein Kuß, rund wie der Horizont, rund wie die Erde, rund wie die Sonne, Mond und Sterne und all die himmlischen Heerscharen – so ist der Plumpudding." Wie der Truthahn gehört der Plumpudding zum kulinarischen Höhepunkt des englischen Christfestes.

250 g Butter, 250 g Zucker,
je 1 Messerspitze Zimt und Muskatnuß,
abgeriebene Schale einer halben Zitrone,
6–8 Eier, 4 Eßlöffel Rum, 250 g Mehl,
100 g Speisestärke,
2 gestrichene Teelöffel Backpulver,
je 125 g Rosinen, Korinthen und Sultaninen,
je 50 g Orangeat, Zitronat und kandierte Kirschen,
evtl. 50 g geschälte und geriebene Mandeln,
150 g Puderzucker

Butter weichrühren und nach und nach Zucker, Gewürze, Eier und Rum dazugeben. Mehl mit Speisestärke und Backpulver mischen und sorgfältig darunterziehen. Den Teig rühren, bis er schwer reißend vom Löffel fällt. Zuletzt die Rosinen, Korinthen und Sultaninen sowie das Orangeat, Zitronat, die kandierten Kirschen und die geriebenen Mandeln beigeben. Den Teig in eine mit Pergamentpapier ganz ausgelegte längliche Kuchenform füllen und rund 75 Minuten bei 175–195°C backen. 10 Minuten abkühlen lassen, aus der Form nehmen und mit Puderzucker besieben.

Schon die lange Vorbereitung ist ein ebenso feierlicher wie fröhlicher Akt, an dem die ganze Familie teilnimmt. Den Plum-Cake kann man auch mit heißem Rum übergießen und anzünden. Er wird dann von bläulichen Flammen überspielt serviert.

Rehrücken natur

Von allen Waldtieren ist uns das Reh das liebste – die Verwandlung einer Person in ein Reh ist zudem ein beliebtes Märchenthema. Daß ihm auch heilende Wirkung zugesprochen wird, beweisen alte Rezepte der Volksmedizin, in der fast alle seine Bestandteile als Arznei verordnet wurden. Davon ist heute jedoch nichts übriggeblieben, und die einzig „heilende" Wirkung eines Rehs wird darin liegen, daß man mit einem Rehrücken auch den anspruchsvollsten Gaumen zufriedenstellen kann.

Rehrücken (ca. 1,5 kg), 200 g Speck,
50 g Butter zum Bestreichen,
je 1 gestrichener Teelöffel Salz und Pfeffer,
4 Wacholderbeeren, 50 g Butter zum Braten
Zum Bratensaft: 1/4 l Sahne, 20 g Mehl

Der Rehrücken wird mit Speckkeilen gespickt und mit erhitzter Butter bestrichen, anschließend mindestens 24 Stunden kaltgestellt. Das Fleisch nun salzen, pfeffern und mit den zuvor zerstoßenen Wacholderbeeren bestreuen. Der Rücken wird in einer Pfanne von allen Seiten kurz angebraten und anschließend ca. 30–40 Minuten bei 220°C unter mehrmaligem Umdrehen und Übergießen mit eigenem Saft gebraten. Danach das Fleisch vorsichtig vom Knochen lösen, schräg in dünne Scheiben schneiden und auf einer Platte in der ursprünglichen Form wieder anrichten. Den Bratensaft mit der Sahne und dem Mehl verquirlen, über den Rücken gießen oder getrennt servieren. Als Beilage eignen sich vorzüglich Kartoffelkroketten oder gedünsteter Reis sowie gedünstete Äpfel, mit Preiselbeeren oder Johannisbeergelee gefüllt.

Spätburgunder
SPÄTLESE
UND ZU WEILER

Rumtorte

Daß Rum nicht nur zum Grog taugt, sondern ebenso gut zum Verfeinern von Speisen, ist eine alte Hausfrauenweisheit. Hier nun ein Rezept für eine opulente Weihnachtstorte, in der Rum die Hauptrolle spielt. Doch sollten Sie sich an die Mengenangaben halten, denn allzu schnell wird aus einem guten Maß ein Übermaß, und beim Alkohol hat das ja bekanntlich Nebenwirkungen.

12 Eigelb, 300 g Puderzucker,
1 Päckchen Vanillezucker,
300 g gemahlene Nüsse,
fester Schnee von 12 Eiweiß,
Butter und Mehl für die Form
Für die Füllung: 200 g Butter,
200 g Puderzucker, 125 g geriebene Nüsse,
3 Eßlöffel Rum
Zum Guß: 250 g Puderzucker,
6 Eßlöffel Rum, 16—20 kandierte Kirschen

Die Eigelb mit dem Puder- und Vanillezucker schaumig rühren, nach und nach die gemahlenen Nüsse hinzufügen und zum Schluß den steifen Eierschnee unterziehen. Den Teig in zwei gleich große Hälften teilen und getrennt in einer mit Butter gefetteten und mit Mehl ausgestreuten Form ca. 30 Minuten bei 180°C backen. Nach dem Erkalten jeden Tortenboden einmal waagerecht durchschneiden, Butter und Zucker für die Füllung schaumig rühren, dann Nüsse und Rum untermischen und 3 Tortenböden damit bestreichen.

Zuoberst den nicht bestrichenen Boden legen, Puderzucker mit den stark erhitzten 6 Eßlöffeln Rum verrühren und die Oberfläche der Torte damit bedecken. Die kandierten Kirschen in gleichmäßigen Abständen am Außenrand der Torte verteilen.

Spekulatius

Spekulatius darf auf keinem bunten Weihnachtsteller fehlen – dieses traditionelle Weihnachtsgebäck, das ursprünglich aus Holland bzw. vom Niederrhein stammt und dort „speculaas“ (nach einem Beinamen für St. Nikolaus) genannt wird, kennen wir seit über 200 Jahren. Ursprünglich formte man das Spekulatius durch Eindrücken in Holzformen mit geschnitzten Figuren – wenn man ein wenig danach sucht, kann man solche „Holzmodel“ auch heute noch bekommen.

500 g Mehl, 1 Teelöffel Backpulver,
250 g Zucker, 2 Päckchen Vanillezucker,
2 Eier, 1/2 Teelöffel Zimt,
je 1 Messerspitze Nelken und Kardamom,
1 Teelöffel Kakao,
abgeriebene Schale einer halben Zitrone,
150 g geriebene Mandeln, 250 g Butter

Mehl und Backpulver werden vermischt, auf das Backbrett gegeben und in der Mitte eine Vertiefung eingedrückt, in die Zucker, Vanillezucker, die Einzelgewürze, Kakao, Zitronenschale und die Eier hineingegeben werden. Das Ganze mit etwas Mehl zu einem Brei vermischen, in den man die geriebenen Mandeln und die kleingeschnittene Butter gibt. Nun alles schnell zu einem geschmeidigen Teig verkneten, den man ca. 30 Minuten kühl ruhen lassen sollte, dann messerrückendick ausrollt und beliebige Formen aussticht. Natürlich ist es hübscher, wenn man die schon erwähnten Spekulatiusformen zur Hand hat, die man bemehlt in den Teig drückt. Die Plätzchen sollten auf einem gefetteten und bemehlten Blech bei 200°C ca. 15 Minuten goldbraun gebacken werden.

Truthahn mit Kastanienfüllung

Die Geschichte des Truthahns ist auch die Geschichte der Eroberung Amerikas: 1518 landeten die Spanier in Mexiko und brachten das prächtig aussehende und schmackhafte Geflügel mit nach Europa. In seiner Heimat vorwiegend als Opfertier verwendet, fand der Truthahn in Europa zu einer ganz neuen Bestimmung: Er wurde zur Delikatesse an den Höfen Europas und ist es für den normalen Bürger bis heute geblieben.

1 Truthahn (ca. 3 kg), 150 g Butter,
1 Eßlöffel Salz
Zur Füllung: 150 g Butter, 1 Ei,
3 Eigelb, 3 Eiweiß, 2–3 Brötchen, 1/2 l Milch,
1 geriebene bittere Mandel,
1 Messerspitze Salz, 1 Teelöffel Zucker,
200 g feingeschnittene Eßkastanien,
100 g Semmelbrösel

Lassen Sie von Ihrem Händler den Truthahn bratfertig dressieren und salzen Sie ihn innen und außen. Butter, Ei und Eigelb der Füllung schaumig rühren, die in Milch geweichten, ausgepreßten Brötchen hinzugeben, ebenso die Mandel, Salz und Zucker sowie die feingehackten Kastanien und die Semmelbrösel. Alles gut miteinander vermengen, zum Schluß den Schnee von 3 Eiweiß unter die Füllung ziehen. Hals und Bauchhöhle vom Truthahn mit dieser Mischung füllen und die Öffnungen zunähen. Den Truthahn nun in eine Kasserolle mit der zerlassenen Butter setzen und im gut vorgeheizten Ofen bei 200°C ca. 10–15 Minuten von beiden Seiten backen, anschließend bei 175°C rotbraun braten. Nicht vergessen, ihn von Zeit zu Zeit mit eigenem Saft zu übergießen und zu wenden, die Bratzeit beträgt zwischen 2 und 3 Stunden. Da die einzelnen Teile des Truthahns einen delikaten Eigengeschmack haben, sollte man Portionen mit verschiedenen Stücken servieren. Den Bratensaft evtl. mit etwas herbem Weißwein aufkochen. Als Beilage eignen sich gedünsteter Reis und rohe Gemüsesalate.

Tournedos mit Fenchel

Tournedos sind daumendicke Lendenschnitten vom Rind. Sie sind etwa 2,5 cm hoch und 5,5 cm breit und 100—120 g schwer. In Spanien und Frankreich gelten sie wegen ihres saftigen und zarten Fleisches als besondere Delikatesse.

4 Tournedos,
50 g eingelegte grüne Pfefferkörner,
40 g Butter, Salz, 1 Apfelsine,
2 cl Cognac oder Weinbrand, 4 Eßlöffel Sahne
Für den Fenchel: 2 Fenchelknollen, Salz,
Pfeffer, 30 g Butter, 1 Knoblauchzehe,
1 Tomate, einige Tropfen Zitronensaft, Kerbel

Tournedos von beiden Seiten in den Pfeffer drücken. In heißem Fett jede Seite etwa 4 Minuten scharf braten, dann salzen. Den Bratensaft mit dem Saft der ausgepreßten Apfelsine verrühren und mit Cognac flambieren. Zum Schluß die Sahne unterrühren.

Vorher den Fenchel putzen und waschen. 15 Minuten in Salzwasser kochen. Längs halbieren (größere Fenchelknollen noch einmal teilen), pfeffern. Butter in einer Pfanne erhitzen, die Tomate, die zerkleinerte oder gepreßte Knoblauchzehe, einige Tropfen Zitronensaft, etwas Salz und Kerbel hineingeben. Den Fenchel darin gut 5 Minuten dünsten. Fenchel mit den Tournedos, Salz- oder Pellkartoffeln anrichten.

Überbackene Champignons

Pilze essen ist ein Genuß. Der Champignon gilt unter den eßbaren Edelpilzen als einer der besten und wohlschmeckendsten – gerade also das Richtige für das festliche Menü. Das folgende Rezept eignet sich hervorragend als Vorspeise für die meisten Fisch- und Fleischgerichte.

500 g (oder 1 Dose) Champignons,
100 g roher Schinken, 50 g gefüllte Oliven,
100 g mittelalter Gouda, 100 g Butter,
Salz, Pfeffer, 2 Eßlöffel süße Sahne,
2 cl Cognac oder Weinbrand, 2 Eigelb,
2 Eßlöffel Zitronensaft

Champignons gründlich reinigen, waschen und abtropfen lassen. Die gefüllten Oliven in Scheiben schneiden und den Schinken würfeln.
In einer Pfanne 50 g Butter erhitzen und die Champignons bei mittlerer Hitze darin dünsten. Mit Salz und Pfeffer würzen. Den gewürfelten Schinken, die Oliven, den Cognac oder Weinbrand und die Sahne unterziehen. Noch einmal aufkochen und in eine feuerfeste Form füllen. Den Rest der Butter mit Eigelb und Zitronensaft verrühren, anschließend im Wasserbad dicklich schlagen. Die Creme über die Champignons gießen und die Oberfläche mit dem geriebenen Käse bestreuen. Im vorgeheizten Backofen bei 225°C so lange überbacken, bis der Käse goldbraun ist.

Vanilleeis mit Schattenmorellen

Es ist immer wieder eine Attraktion, wenn als Höhepunkt oder Abschluß eines Festmahls Eis mit flambierten Früchten gereicht wird. Am besten flambieren Sie in einer Flambierpfanne, indem Sie die Flamme des Brenners in die Pfanne schlagen lassen. Niemals mit einem Streichholz anzünden, weil sich der Schwefelgeruch auf die Speisen übertragen könnte! Ein Gasfeuerzeug ist da besser geeignet.

500 g entkernte Sauerkirschen,
1/8 l Kirschsaft, 60 g Zucker,
1 Messerspitze Zimt, 3 cl Cognac,
30 g Speisestärke, 4 Portionen Vanilleeis

Kirschen waschen und gut abtropfen lassen, dann mit etwas Cognac übergießen. Zugedeckt 30 Minuten stehen lassen. Zucker in einer Pfanne unter ständigem Rühren hellbraun werden lassen. Mit Kirschsaft ablöschen und den Zimt zufügen. Kräftig aufkochen, mit kalt angerührter Speisestärke binden. Dann die Kirschen dazugeben und erneut erhitzen. Mit vorgewärmtem Cognac flambieren.

Vanilleeis in 4 Portionen aufteilen, in hübschen Glasschälchen anrichten und mit den heißen, flambierten Kirschen übergießen.

Weihnachtsgans

Die knusprige Festtagsgans ist ein guter alter Brauch, der von England in den deutschen Kulturkreis eingeflossen ist. Es wird erzählt, daß gerade am Heiligen Abend des Jahres 1588 der damaligen Königin eine Gans serviert wurde, als die Nachricht vom großen Sieg Englands über die spanische Armada eintraf. Seither gilt die Gans als charakteristischer Festbraten, mit dem Glück und Dankbarkeit verbunden werden.

Für 6–8 Personen:
1 küchenfertige Gans (ca. 5 kg)
Für die Füllung:
250 g Backpflaumen (eine Nacht einweichen),
500 g Äpfel, 2 Eßlöffel Zucker,
4–5 Eßlöffel trockenes, geriebenes Vollkornbrot,
2 cl Weinbrand oder Cognac, Zimt
Für die Soße: 4 Eßlöffel Sahne,
1–2 Eßlöffel Mehl, 2–3 Eßlöffel Apfelmus,
Salz, schwarzer Pfeffer

Die Gans sorgfältig abwaschen und abtrocknen. Nur von innen salzen! Die eingeweichten Backpflaumen entsteinen und mit den geschälten, entkernten und zerkleinerten Äpfeln vermischen. Mit Zucker, geriebenem Vollkornbrot, Zimt und Weinbrand abschmecken. Die Gans damit füllen und an der offenen Seite zunähen. Vor dem Braten in die Fettfangschale etwa 3 Tassen Wasser und einen geteilten Apfel geben. Die gefüllte Gans auf ein Bratrost legen und alles in den vorgeheizten Backofen auf die unterste Schiene schieben. Bei 200°C 2 1/2–3 Stunden langsam braten und gelegentlich mit dem Bratensaft begießen. Nach der halben Bratzeit einige Male unterhalb der Keulen in die Haut stechen, damit das Fett besser ausbraten kann. 10 Minuten vor Ende der Garzeit die Gans mit kaltem Salzwasser bestreichen und bei 250°C knusprig braten.

Die in der Fettpfanne befindliche Tunke mit Wasser verlängern, mit Sahne und Mehl binden und mit Apfelmus, Salz und Pfeffer abschmecken. 10 Minuten aufkochen lassen. Die Fäden entfernen und die Gans tranchieren. Dazu Kartoffel- oder Semmelknödel und Rotkohl servieren.

Wildente Jagdherren Art

Im Volksaberglauben gilt die Ente als Wetterprophetin und Hexentier, weil sie der mittelalterlichen Medizin viele Arzneien lieferte. Das Männchen (der Erpel) unserer bis zu 60 cm langen Stockente brilliert während der Fortpflanzungszeit mit einem Prachtgefieder. Ansonsten tragen sie ein bräunliches Kleid mit blauem Flügelfleck. Enten sollten grundsätzlich frisch verzehrt werden – zum Braten nur junge Tiere verwenden. Noch ein Tip: Die Krick, etwas kleiner als unsere Wildente und mit goldgrüner Kopfseite, ist im Geschmack noch feiner.

2 Wildenten, 50 g Butter, Salz,
schwarzer Pfeffer, frische Salbeiblättchen (je 3),
500 g Tomaten, 500 g Champignons,
Thymian, Rosmarin, 1/2 Glas Weißwein,
4 cl Cognac oder Weinbrand,
1/4 l Fleischbrühe, 1 Teelöffel Speisestärke

Die Wildenten gründlich waschen, trocknen und innen und außen mit Salz und Pfeffer würzen. Frische Salbeiblättchen in das Innere legen, Flügel und Keulen zusammenbinden.

Tomaten mit kochend heißem Wasser überbrühen, schälen und vierteilen. Champignons putzen, waschen, abtropfen lassen. Tomaten, Champignons und Butter in einen Bräter geben und mit Thymian, Rosmarin, etwas Salz und Pfeffer würzen. Die Enten mit der Brust nach unten in den Bräter legen, Tomaten und Champignons mit 3 cl Cognac und dem Wein übergießen. Das Ganze in einen vorgeheizten Ofen stellen und bei 200°C etwa 30 Minuten braten. Dann die Wildenten wenden und nochmals 30 Minuten garen. Während des Bratens mehrmals mit dem Fond begießen.

Die fertigen Enten mit den Champignons warmhalten. Den Bratenfond durch ein Sieb streichen, mit Speisestärke binden. Die Soße mit 1/4 l Fleischbrühe, Gewürzen und 1 cl Cognac abschmecken. Als Beilage hausgemachte Spätzle oder Butternudeln reichen.

Silvester und Neujahr

Traditionell wird bei uns am letzten Tag des alten Jahres ausgiebig bis in die Morgenstunden gefeiert. Das neue Jahr soll in bester Stimmung begrüßt und begonnen werden.

Natürlich steht auch an diesem Abend das leibliche Wohl von Familie und Gästen im Vordergrund. Ihrem Erfindungsreichtum sind dabei kaum Grenzen gesetzt, denn es gibt praktisch keine Menüvorschläge, die Sie dem Brauchtum gemäß beachten müßten. Zwar wird in vielen Gegenden der Silvesterkarpfen bevorzugt, aber ein reichhaltiges Fondue oder ein festliches Essen mit mehreren Gängen findet in größerem Kreis meist mehr Anklang, weil Sie dann jedem etwas bieten können und auch jene Gäste auf ihre Kosten kommen, die ein Fischgericht nicht unbedingt schätzen.

Eines dürfen Sie jedoch auf keinen Fall vergessen – die Sekt- oder Champagnerflaschen frühzeitig und reichlich kaltzustellen. Denn um Mitternacht ist es soweit! Das alte Jahr neigt sich dem Ende zu, und wenn der große Zeiger der Turmuhr die letzten Minuten anzeigt, läuten nicht nur die Glocken der Kirchen in aller Welt, sondern es fliegen auch unzählige Sektkorken in die Luft. Das festliche Klingen der Gläser beim Anstoßen wird allerdings meist überlagert vom Donnern der Kanonenschläge und Raketen auf den Straßen.

Unsere Feuerwerke gehen übrigens auf einen uralten Brauch zurück: Früher meinte man, mit dem Getöse und dem vielen Krach böse Geister vertreiben zu können. Heute aber sollen Freude und Hoffnung signalisiert werden. Das neue Jahr soll noch besser, noch erfolgreicher, noch schöner werden als das alte. Bei all dem Trubel sollten Sie sich aber Zeit für ein „Frohes neues Jahr!“ nehmen, mit dem Sie Ihren Freunden, Bekannten und der Familie zuprosten.

Silvester und Neujahr gelten als Höhepunkt der Weihnachtszeit, die am ersten Advent beginnt und mit dem Dreikönigstag am 6. Januar ausklingt. In den meisten Familien wird erst an diesem Tag der Weihnachtsbaum geplündert – ein freudiges Ereignis, besonders für die kleinen Schleckermäuler. Daher ist es empfehlenswert, wenn jemand aus der Familie schon vorher einmal nachschaut, noch etwas Süßes an den Baum hängt und auch darauf achtet, ob genügend Kerzen vorhanden sind – schließlich soll der Baum dann noch ein letztes Mal brennen.

Man kann das Plündern des Tannenbaumes allerdings auch auf die Silvesternacht vorverlegen – doch eigentlich paßt die eher besinnliche Stimmung des brennenden Baumes nicht so recht zur ausgelassenen Fröhlichkeit, mit der wir diesen Abend begehen. Diese Fröhlichkeit rührt zumeist aus den vielen lustigen Bräuchen und Sitten, die sich über Jahrhunderte hinweg erhalten haben – trotz des christlichen Ursprungs des Silvestertages.

Der letzte Tag des Jahres hat seinen Namen von Papst Silvester I., der zwischen 314 und 335 regierte. Die Legende sagt, daß er Kaiser Konstantin den Großen vom Aussatz heilte und ihn dann zum Christentum bekehrte. Zum Patron der Haustiere wurde er, weil er angeblich einen toten Stier wieder zum Leben erweckte. Seinen Namenstag feiern wir jedoch noch gar nicht so lange. Nach dem Julianischen Kalender der Römer zum Beispiel fiel der Beginn des neuen Jahres nicht auf den 1. Januar. Erst 1582 wurde von Papst Gregor der Gregorianische Kalender eingeführt, nach dem wir auch heute noch rechnen. Die evangelischen Länder übernahmen dessen Einteilung aber erst gegen Ende des 17. Jahrhunderts – Rußland sogar erst 1918. Bis dahin hatte man dort nach der Julianischen Zeitrechnung gelebt.

Am Silvesterabend ist natürlich auch viel Zeit gegeben für einen Ausblick auf das neue Jahr: Was wird es bringen – wie wird es verlaufen, persönlich, für die Familie, im Beruf? Die Beantwortung dieser Fragen fällt uns manchmal nur allzu leicht, denn die vielen Glücksbringer wie Kleeblätter, Hufeisen, Schornsteinfeger, Glückspilze und -schweinchen werden schon das Ihre zu einem positiven Blick in die Zukunft beitragen. Darüber hinaus finden wir noch traditionelles Brauchtum, von dem wir hier ein wenig berichten wollen – vieles wird auch heute noch gepflegt, doch ist auch vieles verschüttet worden. Im Vordergrund des Abends stehen abergläubische Gepflogenheiten: Horoskop und Orakel, Abwehr- und Beschwörungszauber, das Befragen der Zukunft. So kannte man in Böhmen und in den Rätischen Alpen das Silvesterschlagen. Dabei hängt in der Mitte der Wohnstube ein Kranz

aus Tannenzweigen. Kommt nun ein Junge oder ein Mädchen zufällig darunter zu stehen, so springt eine wüste Gestalt hinter dem Ofen hervor und versetzt dem Betroffenen einen derben Kuß. Dieser häßliche, behaarte Kerl, der einen Kranz von Mistelzweigen auf dem Kopf trägt, wird Silvester genannt. Nach Mitternacht jagt man ihn mit Tannenzweigen zur Tür hinaus – er gilt als Symbol des alten Jahres.

Einen ähnlichen Brauch gibt es auch heute noch in Österreich. Dort wird der tölpelhafteste der Knechte zum Silvesterkönig gekrönt und dann mit einer Strohpeitsche aus dem Haus gejagt.

Soweit die Historie – heute kennen wir vor allem noch solche Bräuche, mit denen man die Zukunft erforschen kann; halb schmunzelnd, halb ernst versuchen wir zu orakeln, und meist enden diese Unternehmungen in einem großen Spaß. Hier einige Tips, wie man es anfangen kann:

Um zu erfahren, wer von den Bekannten und Freunden, die man zu einer Silvesterfeier eingeladen hat, demnächst heiraten wird, setzt jeder Anwesende ein Nußschälchen in eine Wasserschüssel. Wo sich die Schalen Bord an Bord zusammenlegen, wird demnächst wohl Hochzeit gefeiert werden.

Am Altjahresabend liebt es der eine, im Schein der noch einmal brennenden Kerzen das Vergangene zu überdenken. Anderen gerät es zum geselligen Spiel, in kleiner Runde beim Bleigießen aus den skurilen Figuren die Zukunft zu erforschen.

Die jüngste Magd führt ihn anschließend jedoch wieder herein – sie stellt das neue Jahr dar.

Aus jener Zeit, als Weihnachten und Silvester an einem Tag gefeiert wurden und man Geschenke austauschte, stammt folgender Brauch von der Insel Fehmarn: Am Neujahrsmorgen gingen in der Stadt Burg und auf den Dörfern junge Burschen von Haus zu Haus und riefen in die Türen: „West so god und gevt mi en Grötlicht" (Seid so gut und gebt mir ein Grußlicht). War die Antwort: „Wi gevt keen Grötlicht", so bekamen sie doch zumeist ein wenig Geld, das das Grußlicht ersetzen sollte.

Auch das folgende Spiel setzt auf die Neugier des Menschen: Die Mädchen werfen die spiralenförmige Schale eines in einem Stück geschälten Apfels in die Luft. Aus der auf den Boden gefallenen Form versuchen sie, den Anfangsbuchstaben ihres zukünftigen Bräutigams zu erraten. Oder man macht es sich leicht: Die unverheirateten Mädchen werfen sich einen Schuh über den Kopf. Zeigt die Spitze des zu Boden gefallenen Schuhs zur Tür, so kommen sie aus dem Haus, d.h., sie heiraten demnächst.

Doch muß es nicht immer um solch persönliche Dinge gehen, man kann auch das Wetter mit

30
FREITAG
VENDREDI
FRIDAY
31
BRUT

Hilfe eines Zwiebelkalenders vorhersagen. Dazu schneidet man eine Zwiebel in zwölf Teile und ordnet diese nach den Monaten. Das Stück, das dabei besonders naß wird, zeigt einen verregneten Monat an. Eine halbe Zwiebel, in der Silvesternacht unter das Kopfkissen gelegt, wird einem im Traum verraten, was das kommende Jahr an Gutem und Schlechtem bringen wird. Andernorts, so in Schottland, muß der erste Mann, der nach dem Verklingen der Mitternachtsglocken das Haus oder die Wohnung betritt, schwarzhaarig sein, wenn das nächste Jahr Glück bringen soll; auch darf in dieser Nacht das Herdfeuer nicht ausgehen: Es bedeutet stets genügend Wärme und Nahrung.

Am beliebtesten sind natürlich die verschiedensten Arten des Figurengießens. Früher hat man dies mit flüssigem Wachs gemacht, heute nimmt man Blei. Wenn das flüssige Blei im kalten Wasser zu bizarren Formen erstarrt ist, wird versucht, aus diesen Formen Symbole herauszulesen, die man in konkrete Ereignisse für das kommende Jahr umdeuten kann.

Um die Stimmung auf den Siedepunkt zu treiben, empfiehlt es sich, zu vorgerückter Stunde einen kräftigen Punsch zu servieren. Daß man auch früher diese geistigen Genüsse zu schätzen wußte, hat Friedrich Schiller in einem Punschlied festgehalten. Vielleicht versuchen Sie einmal, nach seinen Anweisungen zu mixen!

Vier Elemente, innig gesellt,
bilden das Leben, bauen die Welt.
Preßt der Zitrone saftigen Stern!
Herb ist des Lebens innerster Kern.
Jetzt mit des Zuckers linderndem Saft
zähmet die herbe, brennende Kraft!
Gießet des Wassers sprudelnden Schwall!
Wasser umfänget ruhig das All.
Tropfen des Geistes gießet hinein!
Leben dem Leben gibt er allein.
Eh' es verdüftet, schöpfet es schnell!
Nur wenn er glühet, labet der Quell.

Selbstverständlich kann man den Silvesterabend auch in aller Stille begehen: Nach einem guten Abendessen etwa ein Konzert oder eine Aufführung in der Oper besuchen, denn an diesem Abend werden stets Sondervorstellungen gegeben. Andere wiederum besuchen gern ein Orgelkonzert in der Kirche, öffnen anschließend zu Hause eine Flasche Champagner und stoßen auf das neue Jahr an. Doch die meisten Menschen lieben die Geselligkeit und wollen an diesem besonderen Abend nicht allein sein. Stürzen Sie sich ruhig in den Trubel einer richtigen Silvesterparty. Tanzen und Orakeln gehören natürlich genauso dazu wie Knallfrösche, Papierschlangen und Bleigießen.

Eine Party ist schließlich die jüngere Schwester traditioneller Festlichkeiten, man pflegt hier zwanglose Geselligkeit, ist unbefangen und anspruchslos, scheut Prunk und Protz. Die Hauptsache sollte sein, sich für ein paar Stunden in netter Runde zusammenzufinden, sich unkonventionell zu unterhalten, zu scherzen und zu spielen und mit netten Leuten nach Herzenslust zu essen und zu trinken.

Spätestens ein paar Minuten vor Anbruch des neuen Jahres ist dann aber das schönste Spiel und der schnellste Tanz zu unterbrechen. Jeder erwartet mit Spannung die Stunde Null. Vielleicht bietet sich gerade jetzt die Gelegenheit für ein paar stille Augenblicke, in denen man das vergangene Jahr Revue passieren läßt und sich die berühmten guten Vorsätze für das Kommende vor Augen hält.

Wenn die Glocken dann schließlich das neue Jahr einläuten und die Silvesterraketen ihr prächtiges, farbenfrohes Schauspiel vollführen, dann sollten alle Spekulationen verscheucht sein: Wer das neue Jahr heiter und unbeschwert beginnt, dem wird das Glück das ganze Jahr über hold sein!

Vielleicht beherzigen Sie noch die folgende Volksweisheit: Man sollte den Neujahrstag so verbringen, wie man sich alle folgenden Tage des neuen Jahres für sich und seine Angehörigen wünscht – dies wäre doch ein schöner Jahresausklang und -anfang zugleich!

Austern auf Eis

Feinschmecker nennen die Auster „Trüffel des Meeres“, und auch Heinrich Heine hat ein Loblied auf die Königin unter den Muscheln gesungen:

Ich dank dem Schöpfer in der Höh,
der durch sein großes Werde
die Austern geschaffen in der See,
den Rheinwein auf der Erde.

Seit der Steinzeit sollen die Gourmets Austern geschätzt und damals sogar in Unmengen genossen haben. Heute ißt man als Vorspeise ein halbes, höchstens aber ein Dutzend davon. Zu Austern reicht man gewürfelten Chester und trockenen Weißwein oder Champagner.

24 frische Austern, 3 Zitronen,
2 Bund Petersilie, 4 Tomaten, Eiswürfel

Frische geschlossene Austern kaufen (offene Austern sind ungenießbar und müssen weggeworfen werden), in kaltem Wasser tüchtig reinigen. Die Austern öffnen, indem man sie mit der Wölbung nach unten in eine Hand nimmt, mit dem Austernmesser zwischen die beiden Schalendeckel sticht und es vorsichtig auf und ab bewegt. Die Flüssigkeit, die sich in den Austern befindet, darf dabei nicht verschüttet werden. Sie schätzt der Kenner besonders.
Die geöffneten Austern auf einer ovalen oder runden Silberplatte auf gestoßenem (oder Würfel-) Eis anrichten. Das Eis kann so geschichtet werden, daß ein Aufbau entsteht. Mit Petersiliensträußchen, Zitronenscheiben und Tomatenvierteln garnieren.

Beefsteak Tatar

Die Tataren waren ursprünglich ein mongolischer Volksstamm, der sich jedoch dann im Wolgabecken und auf der Krim ansiedelte. Sie gelten als besonders temperamentvoll. Vielleicht ist dieses Gericht nach ihnen benannt worden, weil es so feurig ist und so viele Geschmacksrichtungen miteinander vermischt. Als Katerfrühstück ist es besonders geeignet.

600 g Rinderhackfleisch, 4 Eigelb,
1 Teelöffel Kapern, Petersilie, Schnittlauch,
Kümmel, Senf, schwarzer Pfeffer, Salz,
Paprika edelsüß, 1 Zwiebel,
1 Teelöffel geriebener Meerrettich, Curry,
Worcestershire-Sauce

Ganz mageres Rindfleisch mit zwei scharfen Messern kleinhacken und zu vier Kugeln formen, breitdrücken und in jede Kugel eine Vertiefung eindrücken. In diese das rohe Eigelb legen. Rings um das Fleisch (oder in der Mitte des Tisches) garniert man feingehackte Zwiebeln, Kümmel, Pfeffer, Salz, Paprika, Curry, Meerrettich und Worcestershire-Sauce. Die Beilagen soll der Gast nach eigenem Geschmack selbst mit dem Fleisch vermischen können. Dazu deftiges Bauernbrot, Butter und Bier reichen.

Berliner Pfannkuchen

Die Berliner Pfannkuchen tauchen in vielfältiger Form und unter ganz anderen Namen überall am Silvesterabend auf: Als Krapfen, Mutzen, Chüechli sind sie in ganz Deutschland, der Schweiz und Österreich verbreitet. Vom Berliner Pfannkuchen geht die Sage, ein junger Bäcker habe sie den Kanonenkugeln nachempfunden, aus Ärger darüber, daß er nicht zum Militärdienst einberufen worden sei. Auf diese Weise würden heute wohl kaum mehr neue Rezepte erfunden!

500 g Mehl, 30 g Hefe, 1/8–1/4 l Milch,
2 Eigelb, 50 g Zucker, 80 g Butter,
Prise Salz, Schale einer Zitrone
Zur Füllung: Aprikosen-, Himbeer-, Pflaumen- oder Erdbeermarmelade
Zum Ausbacken: ausreichend Backfett
Zum Bestreuen: 125 g Puderzucker

Das Mehl in eine große Backschüssel geben, in der Mitte eine Vertiefung machen. Die zerbröckelte Hefe mit etwas Milch und 1 Teelöffel Zucker hinzugeben und zu einem Teig verrühren, der ca. 30 Minuten gehen sollte. Nun den Vorteig mit der restlichen Milch, dem Mehl, Zucker, Fett, Eigelb, Salz und Zitronenschale verarbeiten und so lange kneten, bis sich der Teig vom Schüsselrand löst. Wiederum ca. 30 bis 40 Minuten gehen lassen.

Danach den Teig 1 cm dick auf einem bemehlten Brett ausrollen und mit einem Wasserglas Kreise von ca. 7–8 cm Durchmesser ausstechen. Jeweils eine Scheibe mit Marmelade bedecken und eine zweite darauflegen, die Ränder fest zusammendrücken. Die Teigbällchen nochmals gehen lassen und im heißen Fett ca. 10 Minuten goldbraun backen. Dann auf einem Sieb gut abtropfen lassen und noch heiß mit Puderzucker bestreuen.

BRUT
Henry

Betrunkene Schokoladentorte

In vielen Gegenden ist es noch heute Brauch, den Alkoholgehalt von Speisen mit schmückenden, lustigen Beinamen anzugeben. So kennen wir die „Angeheiterte Suppe", die „Berauschten Äpfel" oder auch „Besoffenes Hendl". Wie wäre es aber einmal mit einer Neujahrstorte mit der Spezifizierung „Betrunkene Schokoladentorte"? Vor allem am Neujahrstag nachmittags empfehlenswert, wenn am Abend zuvor kräftig gefeiert wurde.

150 g Butter, 175 g Puderzucker, 10 Eigelb,
1 gehäufter Teelöffel Vanillezucker,
150 g geriebene Mandeln,
Schnee von 10 Eiweiß,
150 g geriebene Halbbitterschokolade
Zur Füllung:
Himbeermarmelade und Himbeergeist
Zum Guß:
175 g geriebene Halbbitterschokolade,
125 g Puderzucker, 10 Eßlöffel Wasser,
30 g Butter, 3 Eßlöffel Himbeergeist

Die Butter mit Puderzucker und Eigelb recht schaumig schlagen und nach und nach Vanillezucker, geriebene Schokolade und die Mandeln, zum Schluß den Eierschnee unterrühren. Nun in mit Mehl ausgestreuten und gefetteten Tortenformen mit diesem Teig 2 Böden backen. Nach dem Erkalten vorsichtig aus jedem Boden zwei Böden schneiden.

Drei Tortenböden reichlich mit Himbeergeist betropfen und mit Himbeermarmelade bestreichen. Die Böden aufeinanderlegen und mit dem unbestrichenen abdecken.

Jetzt die Schokolade, den Puderzucker und das Wasser bei geringer Hitze zu einer dicken Creme rühren, darunter die Butter und den Alkohol mischen. Mit diesem Guß die Oberfläche und die Seiten der Torte überziehen.

Bloody Mary

Auch der unentwegteste Partylöwe wird einmal müde, und auch dem verwegensten Tänzer werden nach zu vielen Boogies die Knie weich. Dann ist ein Cocktail, der die Müden munter, die Angetrunkenen nüchtern und die Heiteren noch fröhlicher macht, gerade das richtige.
Ein alter chinesischer Trinkspruch sagt: „Trunkenheit erzeugt keine Fehler, sie deckt sie auf." Wenn Sie also die Fehler und Sorgen Ihrer Gäste nicht hören oder die eigenen für sich behalten wollen, dann sollten Sie auf Ihrer Party stets einen Bloody Mary bereithalten. Da behält man einen klaren Kopf, ohne daß die Stimmung darunter leidet.

1 Glas Wodka, 2 Gläser Tomatensaft,
1/3 Glas Zitronensaft,
1 Spritzer Worcestershire-Sauce,
Salz und Pfeffer, Eis

Cocktails sollen immer kalt serviert werden. Geben Sie daher in den Mixbecher zunächst einige Stückchen Eis. Fassen Sie den Mixer mit einer Serviette an, weil er meist sehr kalt ist. Dann Wodka, Tomatensaft, Zitronensaft und Worcestershire-Sauce zugeben, etwas Salz und tüchtig Pfeffer darüberstreuen. Gut mischen und schütteln. Mit dem langstieligen Löffel durchrühren, das Sieb aufsetzen und durch das Sieb den Inhalt in die Cocktailgläser verteilen.

The ORIGIN
LEA &
SA
WORCESTER

Budapester Salat

Nach der schönen Stadt an der blauen Donau, deren beide Stadtteile Buda und Pest durch viele Brücken verbunden sind, ist dieser feurige Salat benannt worden. Seit Jahrhunderten sind hier die unterschiedlichsten Volksstämme aufeinandergestoßen. Mongolen haben die Donaumetropole ebenso besetzt wie Türken und Österreicher. Noch 1880 sprach ein gutes Drittel der Bevölkerung deutsch.

250 g gekochtes Rindfleisch,
2 rote Paprikaschoten, 4 Tomaten,
1 mittlere Zwiebel, 1 Knoblauchzehe, Salz,
Pfeffer, Essig, Öl, gehackte Petersilie, Oregano

Das Rindfleisch, die Paprikaschoten und die Tomaten in 2 cm große Würfel schneiden. Die Zwiebel kleinhacken, den Knoblauch mit der Knoblauchpresse oder einem Messer zerkleinern. Mit Salz, reichlich Pfeffer, Essig und Öl vermischt in eine Salatschüssel geben, gut vermengen, Oregano und Petersilie dazugeben. So abschmecken, daß es einen feurigen Geschmack erhält. Kurz vor dem Servieren noch einmal alles gut vermischen.

Champagner-pyramide

Wenn der Zeiger der Uhr ankündigt, daß die letzten Stunden des alten Jahres sich dem Ende zuneigen, dann wird es Zeit, den Sekt oder Champagner kaltzustellen. Traditionell wird in unseren Breiten das neue Jahr mit einem Glas dieses prickelnden Schaumweins begrüßt. Im großen Familien- oder Freundeskreis kann diese Zeremonie besonders eindrucksvoll und feierlich begangen werden, wenn man als Glanzpunkt des Neujahrsfestes eine Champagnerpyramide aufbaut.

Mindestens 14 Sektgläser und
3 Flaschen Sekt oder Champagner

Stellen Sie zunächst 9 Sektgläser dicht nebeneinander im Kreis auf. Plazieren Sie jetzt 4 Sektkelche pyramidenförmig so auf die bereits stehenden, daß sich ihre Mittelpunkte jeweils über den Lücken von vier Kelchen befinden. Auf den Schnittpunkt der letzten vier kommt noch ein Glas obendrauf.

Je mehr Gäste und Gläser Sie haben, desto höher können Sie diese Pyramide aus Alkohol bauen und desto eindrucksvoller wird es sein, wenn Sie kurz vor Mitternacht Ihre Gäste in einen abgedunkelten Raum führen, in dem nur die auf einem Podest stehende Sektpyramide hell erleuchtet ist (am besten die Lichtquelle über den Sektkelchen anbringen). Gießen Sie nun ganz vorsichtig den Champagner in das oberste Glas und schenken Sie auch dann weiter, wenn der Champagner überschäumt, denn nun fließt er von Gläserstufe zu Gläserstufe wie eine Kaskade, bis auch das letzte Glas gefüllt ist. Kenner und Könner machen das übrigens mit einer „Methusalem-Flasche", das ist eine Riesenflasche mit dem Inhalt von 6 normalen Champagnerflaschen! Ohne Helfer und Leiter wird's kaum gehen. Prosit Neujahr!

CHAMPAGNE

Fleischfondue

Der Silvesterabend ist lang – eine gute Gelegenheit also, um in aller Ruhe ein Fondue-Essen zu genießen. Denn dazu brauchen Sie nicht nur Zeit, sondern es ist zudem eine hervorragende Unterlage für die „heißen" Stunden danach. Laden Sie aber nicht zu viele Gäste ein. Rund um ein Rechaud können Sie höchstens 6 Personen gruppieren.

Für 6 Personen: 400 g Kluftsteak,
400 g Rinderfilet, 400 g Schweinefilet,
1 1/2 l Öl (Kokosfett, Olivenöl),
Salz, schwarzer Pfeffer, Paprika edelsüß

Das Fleisch in etwa 2 x 3 cm große Würfel schneiden und auf mehrere Teller verteilen. Das Öl auf dem Herd zum Sieden bringen, dann auf das Rechaud stellen. Die Fleischstücke werden nun einzeln auf die Fonduegabel gespießt und so lange in das heiße Öl getaucht, bis sie den gewünschten Gargrad erreicht haben. Als Mittelwerte gelten: englisch rund 1 Minute; medium etwa 1 1/2 Minuten; gut durch 2 bis 2 1/2 Minuten.

Dann herausnehmen, salzen, pfeffern, evtl. mit Paprika bestreuen und in eine der diversen Saucen tauchen, die man sich löffelweise auf den Fondueteller gefüllt hat.

Als Beilagen können Sie fast alles reichen, so z.B. Preiselbeeren, Senfgurken, Perlzwiebeln, Erdnußkerne, Mixed Pickles. Immer aber Stangenweißbrot und einen leichten Rotwein (kann auch ein Rosé sein).

Zum Fleischfondue:

Zu einem Fondue gehören selbstverständlich diverse Saucen. Dabei sind Ihrem Erfindungsgeist keine Grenzen gesetzt. Kräftige Saucen sind genauso beliebt wie süß-saure oder ganz süße.

Palmherzensauce

1 mittelgroßes Glas Mayonnaise (300 g),
3 Becher Magermilchjoghurt,
1/2 Tasse Ketchup, 1 Dose Palmherzen, Salz,
Pfeffer, Paprika edelsüß, Sojasauce, Zucker

Die Mayonnaise mit dem Joghurt, Ketchup und etwas Flüssigkeit aus der Palmherzendose verrühren. Mit Salz, Pfeffer, Paprika, Sojasauce und Zucker abschmecken. Eine Hälfte der Palmherzen in Scheiben schneiden. Den Rest mit einer Gabel zerdrücken. Das Ganze unter die Mayonnaisensauce geben und gut verrühren.

Kräutersauce mit Eiern

4 Eier, 6 Bund Petersilie, 6 Bund Dill,
4 Bund Schnittlauch, 1 Kästchen Kresse,
6 Tomaten, 3/4 Tasse Öl, 10 Eßlöffel Essig,
Salz, Pfeffer, Paprika edelsüß, Cayennepfeffer

Die Eier hart kochen, pellen, abkühlen lassen und in kleine Würfel schneiden. Mit gehackter Petersilie, kleingeschnittenem Dill, zerstückeltem Schnittlauch, der Kresse und den mehrfach zerteilten Tomaten mischen.

Öl und Essig verrühren und mit den Gewürzen abschmecken. Die Marinade unter die Kräutermischung rühren.

Preiselbeer-Meerrettich-Sauce

6 Eßlöffel Preiselbeerkompott,
3 Eßlöffel frischer Meerrettich, 3 Eßlöffel Senf,
Zitronensaft, Salz, 1/8 l Sahne

Preiselbeerkompott durch ein Sieb drücken und mit dem Meerrettich verrühren. Den Senf mit dem Schneebesen einrühren. Mit Salz und Zitronensaft abschmecken. Zum Schluß die steifgeschlagene Sahne zugeben.

Gefüllte Avocados

Diese birnenartige Frucht eines südamerikanischen Lorbeergewächses ist bei uns auch unter den Namen „Advokatenbirne" oder „Alligatorbirne" bekannt – wobei diese Namensgebung ein wenig verwirrend ist, denn weder mit gelehrten Anwälten noch mit gefährlichen Alligatoren haben die Avocados etwas zu tun. Eher schon mit einem raffinierten Vorgericht, das zudem sehr schnell zubereitet ist.

2 Avocados, 250 g Krabben, 1/4 l saure Sahne,
2 ausgepreßte Tomaten oder
entsprechende Menge Ketchup,
1 ausgepreßte Zitrone, 1 Prise Salz,
1/2 Teelöffel Zucker, 1 Prise weißer Pfeffer,
2 Gläser Cognac oder Weinbrand;
4 Scheiben geröstetes Weißbrot oder Toast

Die Avocados vor Gebrauch kaltstellen, dann gut abwaschen, trocknen, halbieren und entkernen. Nun die Früchte mit den Krabben gehäuft füllen.

Die Sahne mit dem Tomatenmark, Salz und Zucker, Zitronensaft und weißem Pfeffer verrühren. Erst zum Schluß Cognac oder Weinbrand hinzufügen. Die gefüllten Avocadohälften mit dieser Sauce übergießen und dazu Weißbrot oder Toast reichen.

Gefüllter Karpfen

Wenn man am 31. Dezember eines jeden Jahres des frommen Papstes Silvester gedenkt, so sollte man auch eines Fisches gedenken: Der Karpfen war wegen seiner großen Fruchtbarkeit der Venus heilig. Doch ist er heute ein durchaus weltlicher Genuß, vor allem wenn man bedenkt, welche Symbolkraft er besitzt: Die Schuppen des Silvesterkarpfens im Portemonnaie sollen vor Geldmangel schützen, und eine Dame, der es gelingt, den Fischschwanz in zwei genaue Hälften zu spalten, soll noch einmal Jungfrau werden – soviel man weiß, ist es noch keiner gelungen.

Den Karpfen bestellt man am besten frühzeitig beim Fischhändler, damit ihn dieser in Ruhe fachmännisch entgräten kann.

1 Karpfen von 1–2 kg, 250 g Fischfilet,
2 Brötchen, 100 g Butter, Thymian,
Lorbeerblätter, Petersilie, 1 Zwiebel,
Salz und Pfeffer nach Geschmack

Das Fischfilet mit der Leber, der Milch oder dem Rogen des Karpfens, den zwei in Wasser geweichten Brötchen und mit einer Zwiebel durch den Fleischwolf drehen und mit den Gewürzen – im Ganzen einen Teelöffel voll – vermengen. Diese Füllung in den entgräteten Karpfen geben und mit weißem Zwirn wieder zunähen.

In eine feuerfeste Pfanne 100 g Butter geben, zergehen lassen und den Karpfen mit einem in Butter getauchten Pinsel von allen Seiten bestreichen. Den Karpfen nach etwa 15 Minuten im Rohr wenden und weitere 15–20 Minuten bei mittlerer Hitze garen lassen. An der glänzend braunen Haut und den weißen, festen Augen erkennt man, daß er gar ist.

Man serviere ihn mit Salzkartoffeln.

Gin Tonic

Ohne Gin kommt heute kein Barkeeper mehr aus. Doch es brauchte eine lange Zeit, damit der Gin seinen schlechten Ruf, in den er im 18. Jahrhundert geraten war, überwinden konnte. Noch 1920 schrieb ein bekannter Mann: „Mir hat es stets leid getan, dieses demütige und oft geschmähte Getränk, das vielleicht die englischste aller Spirituosen ist, zu trinken."
In der Tat ist der herbe englische Dry Gin kein unbedingter Genuß für den Gaumen. Man muß ihn mit anderen Getränken oder Säften vermischen, damit sein strenger Geschmack milder wird. Einer der populärsten Drinks unserer Tage ist Gin mit Tonic-Wasser – der Gin Tonic:

2 Eiswürfel,
9 cl Dry Gin,
etwa die doppelte Menge Tonic-Wasser,
1 Zitronenscheibe

Die Eiswürfel in ein Long-Drink-Glas (zylindrisches Glas) geben und den Gin hinzufügen. Das Glas – je nach Geschmack – mit Tonic-Wasser auffüllen und mit der Zitronenscheibe garnieren. Nicht umrühren. Auch Wodka, Genever, Tequila und Steinhäger schmecken mit Tonic-Wasser vorzüglich.

IMPORTED
FROM ENGLAND
GORDON'S

Kassler mit Sauerkraut

In vielen Familien kommt am ersten Tag des Jahres nach altbewährtem Brauch das deutsche Nationalgericht – Kassler mit Sauerkraut – auf den Tisch. Man sagt, daß dem, der das neue Jahr so kulinarisch beginnt, das Geld niemals ausgeht.

Für 6 Personen: 1 kg Kassler, 1/2 l Wasser, 1 mittlere Zwiebel, 1 Möhre, 3 Lorbeerblätter, Pfeffer, Salz, 1 Tasse Rotwein, 1 Eßlöffel Mehl, 1/2 Tasse saure Sahne

Das Kassler waschen, abtrocknen und mit der Fettseite nach unten in einen großen Bratentopf legen. Mit einem halben Liter kochendem Wasser übergießen. Die Zwiebel und die Möhre zerschneiden und mit den Lorbeerblättern in den Topf geben. Den Backofen auf 225°C vorheizen, den Bratentopf hineinschieben und 75 Minuten lang braten. Während dieser Zeit das Kassler mindestens einmal wenden und mehrmals mit dem Bratensaft oder einem Schuß kaltem Wasser übergießen. Das fertige Fleisch vom Knochen lösen und in Scheiben schneiden. Auf einer Platte oder im Ofen warmhalten.

Den Bratensaft kurz mit dem Rotwein aufkochen lassen und durch ein Sieb geben. Dann die saure Sahne mit dem Mehl verrühren, in die Sauce geben und unter Rühren kurz aufkochen lassen. Mit Salz und Pfeffer abschmecken.

Kassler mit Sauerkraut und Salzkartoffeln servieren.

Linsensuppe mit Würstchen

Wenn das alte Jahr sich dem Ende zuneigt und die ersten Stunden des neuen Tages mit Feuerwerk, Bleigießen und viel Alkohol begrüßt werden, dann darf der Magen nicht zu kurz kommen. Denn wer gern feiert, der will in der Neujahrsnacht nicht nur kräftig auf die Pauke hauen, sondern muß immer wieder dafür sorgen, daß sein Energiehaushalt im Haben bleibt. Von nichts kommt nichts. Eine kräftige Linsensuppe, die übrigens, ein oder zwei Tage vorher bereitet, noch besser schmeckt, ist da gerade das richtige. Sie holt Müdigkeit raus und zwingt Aktivität rein.

Für 8 Personen: 1 kg Linsen, 2 l Wasser, 4 mittlere Zwiebeln, 2 Lorbeerblätter, 6–8 Karotten, 8 Kartoffeln, 40 g Mehl, 40 g Butter, Salz, Pfeffer, 250 g Speck, Essig, Wiener Würstchen

Die Linsen am Vorabend einweichen. In gut 2 l Wasser mit den gehackten Zwiebeln, dem in Würfel geschnittenen Speck, den Lorbeerblättern und den Karotten etwa 90 Minuten weichkochen. In der letzten halben Stunde die Kartoffelwürfel dazugeben. Das Mehl in der zerlassenen Butter anrösten und in die Suppenflüssigkeit geben. Noch 10 Minuten durchkochen. Mit Salz, Pfeffer und Essig abschmecken. Die Wiener Würstchen in die heiße – nicht kochende – Suppe geben und gut 5 Minuten ziehen lassen. In einer Kasserolle servieren.

RISERVE

Manhattan

Das Originalrezept des berühmten Manhattan Cocktails müßte eigentlich lauten: ein Teelöffel Zucker, eine kräftige Prise Ingwer, halb Rum, halb Wasser.
Mit dieser Mischung überwand nämlich 1626 der deutsche Kaufmann Peter Minnewit den Häuptling der Manhattan-Indianer. Für ganze 24 Dollar verkaufte dieser die heute weltberühmte Strominsel von New York. Manhattan ist mit seiner reklamebunten Skyline ein Cocktail geblieben, in dem die ganze Welt vertreten ist.
Anfangs wurde der berühmte Manhattan mit Rum vermischt. Doch wie so vieles hat die Geschichte auch an diesem Cocktail genagt. Heute wird der Manhattan allgemein auf Whisky- oder Whiskey-(Bourbon-)Basis mit Wermut und einem Spritzer Angostura-Bitters in den Shaker gegeben. Also:

Eis, 1/3 Whisky, 2/3 Wermut,
1 Spritzer Angostura-Bitters,
1 Streifen Zitronenschale
oder 1 entsteinte Olive

Zutaten in den Mixbecher geben, verrühren, bis die Flüssigkeit die notwendige Kälte erreicht hat. Durch ein Sieb in ein kleines Cocktailglas abseihen und das Öl der ausgedrückten Zitronenschale oder der Olive hinzufügen.
Zum Manhattan schmecken übrigens Haselnüsse ganz ausgezeichnet!

JIM BEA
CINZ
BIANC
VERMOUTH BIANC
DELLA DITTA PREMIATA CON
ONORIFICENZE ALLE PRINCIPA
FRANCESCO C
E COMP.

Markklößchen-suppe mit Rinderbrust

Es geht das Sprichwort, daß eine herzhafte Suppe Leib und Seele zusammenhält. Das mag zwar übertrieben sein, aber jeder, der nach einer feuchtfröhlichen Silvesterfeier den Wahrheitsgehalt dieser Volksweisheit am eigenen Leibe erprobt hat, wird mit Vehemenz zustimmen.

2 Markknochen, 1 Ei, 100 g Semmelbrösel, gehackte Petersilie, 1 eingeweichtes Brötchen, 30 g Butter, Muskat, Salz
Für die Suppe: 500 g Rinderbrust, 2 l Wasser, Suppengrün, Brühwürfel, Salz und Pfeffer

Mark aus den Markknochen herausschälen, kleinschneiden und mit der Butter in einer Pfanne zerlassen. Paniermehl, das Ei, das eingeweichte Brötchen, Muskat und Salz in eine Schüssel geben. Dann das ausgelassene Mark durch ein Sieb dazugeben. Alles gut durchkneten – die Masse darf nicht an der Hand kleben! Kleine Klößchen formen und in die kochende(!) Suppe geben.

Die Fleischbrühe wird vorher zubereitet: In gut 2 l Wasser Suppengrün und Rinderbrust geben. 90 Minuten bis 2 Stunden langsam kochen lassen. Kurz bevor die Markklößchen dazugegeben werden, mit Salz und Pfeffer abschmekken. Dann mit den Klößchen noch 10 Minuten ziehen lassen.

Die Suppe sehr heiß servieren. Als Hauptgericht die Rinderbrust kalt, in Scheiben geschnitten, servieren. Dazu Remouladensauce, Röstkartoffeln und einen herben Mosel reichen.

Matjestopf

Schon im Europa des frühen Mittelalters spielte der Heringsfang eine große Rolle. Der damals noch vor allem in der Nord- und Ostsee gefangene Hering wurde, in Fässern gesalzen, bis in die Mittelmeerländer gehandelt und war eines der wichtigsten Handelsgüter der Hansezeit. Der besonders zarte, noch nicht laichreife Matjeshering gilt – in einer Marinade zubereitet – als Leckerbissen.

8 Matjesfilets, 1/4 l Milch, 1/8 l Sahne,
1/2 Glas Mayonnaise, 1 Becher Joghurt,
Piment gemahlen, 3 Zwiebeln, 3 Äpfel

Matjesfilets in die Milch legen und darin etwa 60 Minuten liegen lassen. Daneben Sauce mit Mayonnaise, Joghurt und Sahne zubereiten und mit etwas gemahlenem Piment würzen. Zwiebeln schälen und in Ringe schneiden. Äpfel schälen, entkernen und in feine Scheiben schneiden. Äpfel und Zwiebeln werden nun in die Sauce gegeben. Matjesfilets in die Tunke geben und noch einmal rund 30 Minuten ziehen lassen. Dazu schmecken frische Pellkartoffeln mit Kräuterquark, Weißbrot und grüner Salat. Ideal für das zünftige Katerfrühstück am Neujahrsmorgen.

IMPORTED
Polmos
WÓDKA
WYBOROWA
PURE GRAIN
40°
0.5 L

Schinken in Burgunder

Früher sagte man, daß ein großes Festmahl der Prüfstein für die Tüchtigkeit der Hausfrau sei. Wie so viele Weisheiten mag auch diese in unserer heutigen Zeit keine Gültigkeit mehr besitzen. Eines ist aber auch heute noch sicher: Wenn Sie fröhliche und gutgelaunte Gäste haben wollen, dann sollten Sie schon einmal etwas Außergewöhnliches bieten.
Als Hauptgang eines opulenten Silvestermenüs für mehr als 8 Personen sollten Sie Ihren Gästen einmal einen „Schinken in Burgunder" präsentieren, weil er leicht zuzubereiten ist, etwas fürs Auge bietet und immer wieder gut ankommt.

Für 10 Personen: 3–4 kg Schweineschinken, 1 Nelke, 2 Zwiebeln, 2 Eßlöffel Senf, Pfeffer, Salz, Thymian, 100 g Butter, 30 g Mehl, Paprika scharf, 2–4 Tomaten, 2 Gläser Burgunder

Schinken mit einer Paste aus Senf, Thymian, Salz und Pfeffer einreiben. Die Schwarte in kleine Quadrate schneiden, ohne die darunter liegende Fettschicht zu durchstoßen. Den Schinken mit der Schwarte nach unten in die Fettpfanne legen, 1–2 Tassen Wasser zugeben. Langsam im Ofen bei 220°C etwa 90 Minuten schön braun braten. Hin und wieder mit dem Bratfond begießen.
Den Braten wenden, den Sud mit Nelke, Zwiebelringen, Paprika, Tomaten und Burgunder auffüllen und abschmecken. Noch einmal 1 Stunde braten. Das Fleisch herausnehmen und den Sud mit angerührtem Mehl aufkochen, binden und durchsieben.
Schinken in Scheiben schneiden und in der Burgundertunke ziehen lassen. Mit Tomaten, Petersilie und grünem Salat garnieren. Die Sauce extra reichen.

Serbische Bohnensuppe

Das Katerfrühstück am Neujahrsmorgen wird bei uns allgemein mit „sauren Heringen" eingeleitet. Aber nicht nur eine kräftige Fischmarinade weckt die Lebensgeister am ersten Tag des Jahres, auch eine würzige Suppe kann die Folgen des Vorabends vergessen lassen. Schon ein altes ungarisches Sprichwort sagt: „Auch dem ‚Schwerkranken' soll man nach einer durchzechten Silvesternacht was Herzhaftes reichen, denn davor nimmt selbst der Teufel Reißaus."

300 g weiße Bohnen, 200 g Räucherspeck, 2 große Zwiebeln, 1 Eßlöffel Öl, 1 Eßlöffel Mehl, 3–4 Lorbeerblätter, Thymian, Salz, schwarzer Pfeffer, 1 Messerspitze Cayennepfeffer, 1 Knoblauchzehe, 2 Paprikaschoten, 1 Eßlöffel Paprika edelsüß, 1/2 Pfund Tomaten, 2 Kartoffeln, 300 g geräucherte Schweinsrippe

Die über Nacht eingeweichten Bohnen im Einweichwasser aufkochen und absieben. Erneut mit 1 1/2 l Wasser, einer halbierten Zwiebel, dem Knoblauch, den Lorbeerblättern und etwas Salz zum Kochen bringen und etwa 90 Minuten weichkochen. Zwiebel und Knoblauch können dann entfernt werden. Daneben auf anderer Flamme die feingeschnittenen Zwiebeln in heißem Öl hellbraun rösten, die ebenfalls zerkleinerten Paprikaschoten, den in Würfel geschnittenen Speck und die Tomaten hinzugeben. Mit edelsüßem Paprika würzen, Mehl überstäuben und so viel kaltes Wasser aufgießen, daß die geschälten Kartoffeln in 20 Minuten weichdünsten können. Dann das Ganze zu den Bohnen geben. Parallel wird die Schweinsrippe 75 Minuten in Wasser gekocht, das Fleisch von den Knochen gelöst und zerkleinert in die Suppe gegeben. Mit Salz, Pfeffer, Thymian und Cayenne abschmecken.

Die serbische Bohnensuppe muß heiß serviert werden.

White Lady

Angeblich ist der Name Cocktail in Amerika während des Unabhängigkeitskrieges geboren worden. In Neu-England wurde die Taverne von Miss Betsy Flanagan häufig von amerikanischen Offizieren besucht. Eines Abends servierte ihnen Betsy einen Spezial-Drink, der aus Rum und Fruchtsaft bestand. Jedes Glas wurde mit der Schwanzfeder eines Hahns geschmückt, der aus dem Besitz eines in Saus und Braus lebenden Anhängers der britischen Krone stammte.

Begeisterte Rufe ließen die kleine Taverne erbeben, so auch das „Vive le coq's tail!" (Es lebe der Hahnenschwanz) eines französischen Offiziers. Seither soll dieser kräftige Apéritif den Namen Cocktail getragen haben.

Aus der Unzahl von Cocktails, die heute das Repertoire eines guten Barmixers ausmachen, haben wir diesen Klassiker ausgewählt: Sie nehmen

Eis, 1/2 Gin,
1/4 Zitronensaft, 1/4 Cointreau

Zutaten in den Mixer geben. Die Mischung stark, aber kurz schütteln. (Auf keinen Fall den Cocktail mit dem Eis verwässern!) Abseihen und in die Gläser geben.

Wildschweinbraten

Wildschweine gelten seit alters her als ein Symbol für Glück, Kraft und Liebe. Vielleicht aßen unsere Altvorderen aus diesem Grunde traditionell diesen herzhaften Braten vom Schwarzkittel just am Neujahrsmorgen: Das neue Jahr sollte mit einem guten Omen und einem noch besseren Essen begonnen werden. An diese gute alte Sitte sollten auch wir uns erinnern – zudem ist gerade Jagdzeit, und Sie bekommen frisches Fleisch.

1 kg Wildschwein, 100—150 g Speck,
100 g Butter, 1/8 l Rotwein, 1 Zwiebel,
3 Lorbeerblätter, 1 kleine gelbe Rübe
Zum Beizen: 1 l Buttermilch oder
1/2 l Rotwein oder 1/2 l milder Weinessig,
3 Nelken, 1 kleine Zwiebel, 5 Wacholderbeeren

Das Fleisch gut abgetrocknet in eine große Tonschüssel geben und mit Buttermilch übergießen – die Buttermilch muß jeden Tag erneuert werden. Oder: Den Rotwein bzw. den Weinessig mit Zutaten aufkochen und noch heiß über das Fleisch gießen. In jedem Fall drei bis sechs Tage stehenlassen.

Nun das Fleisch gut abtropfen lassen; gesalzen und gepfeffert in den schon ausgelassenen Speck und die heiße Butter legen. Während man es von allen Seiten anbrät, die Zwiebel, die Lorbeerblätter und die Rübe hinzugeben; zum Schluß alles mit Rotwein begießen. Bei geschlossenem Topf nun bei kleiner Flamme 40—60 Minuten braten lassen und nach der Hälfte der Bratzeit wenden.

Soll das Fleisch eine schöne Kruste bekommen, nach der Bratzeit aus dem Topf nehmen, auf den Rost legen und ca. 3 Minuten bei größter Hitze überkrusten.

In die Bratensauce gibt man zum Verfeinern noch 1 Glas Cognac oder Madeira. Dazu serviert man Knödel und Preiselbeeren. Als Getränk einen herben Trollinger oder Burgunder.

Wintergarten-Cocktail

Wintergärten sind die Verbindung von Wohnung und Natur, sind Synonyme für Entspannung und Erholung. Sie sind etwas für Menschen, die es verstehen zu genießen und die gern alte Traditionen in neuer Form weiterführen. Nicht umsonst trug ein berühmtes Berliner Lokal diesen nostalgischen Namen. Dabei ist der Wintergarten noch gar nicht so ehrwürdig – er kam erst vor gut einhundert Jahren aus England zu uns. In seinem etwas verwunschenen Interieur – mit Palmen und im Jugendstil-Dekor – läßt sich unser Cocktail eigentlich erst so recht genießen. Leider sind Wintergärten und herrschaftliche Wohnungen in unserer nüchternen Zeit rar geworden. Mit diesem Cocktail werden sie jedoch einen Hauch der Atmosphäre vergangener Zeiten in die gute Stube der siebziger Jahre zaubern können.

Eis, 1/3 Campari, 1/3 Gin, 1/3 Grand Marnier, Cocktailfrüchte, Soda, Bitter Lemon

Die alkoholischen Zutaten mit Eis im Mixer gut verrühren. Cocktailfrüchte in Gläser füllen, den gemixten Alkohol dazugeben und mit Soda und Bitter Lemon auffüllen.

GORDON'S

Die Rezepte nach Gruppen

Soweit in den Rezepten nichts anderes vermerkt ist, sind die Zutaten für vier Personen berechnet.

Kleingebäck und Konfekt

Warme Getränke

Kalte Getränke

Die Rezepte alphabetisch

Bildquellen:
S. Bardos-ZEFA: 17 – Bavaria: 78/79 – Damm-ZEFA: 81
Studio Döbbelin: 141 und alle Rezeptaufnahmen 18–71, 86–135, 144–187
Paul Freytag-ZEFA: 143 – Gruner & Jahr: 2, 6, 8/9, 83
Interfoto Friedrich Rauch: 84 – Jahreszeiten-Verlag: 4, 11, 13, 72, 136, 140
W. Th. Jansen/Mauritius: 139 – Keystone: 76/77
Mauritius: 14/15 – Werner H. Müller: 75, 85

Regie: Rudolf Werk – Layout: Günther Schmidt
Satz und Druck: J. Fink, Ostfildern
Papier: 135 g/qm BVS der Papierfabrik Scheufelen, Lenningen
Einbandgestaltung: Ruedi Becker
Bindearbeiten: Großbuchbinderei Sigloch, Künzelsau/Stuttgart
Auslieferung an den deutschen Buchhandel: Stürtz Verlag, Würzburg
ISBN 3 8003 0126 1